筑波大学附属小学校の

「独創」の教育

「自分らしさと」と「その人らしさ」を認め合う授業づくり

筑波大学附属小学校 著

図書文化

まえがき

本書は，筑波大学附属小学校が「『独創』の教育」を研究主題に掲げて取り組んできた４年間の研究成果を公刊するものである。

本校では，21世紀のこの時代に，子どもたちがよりよく，そして力強く生き抜くためにはどうしたらよいかを出発点に，「『独創』の教育」という研究主題を設定した。

そして，これからの社会を生き抜いていく子どもたちに育むべき資質・能力を「自分らしく，知識やものを新しく生み出したり，すでにあるものに新たな価値を付け加えたりする能力や態度」ととらえ，その資質・能力を育むため，「『独創』の教育」の具現化を目指し，その指導法を追究してきた。

研究当初のメモに，我々が育てたい子ども像として，「自分らしい発想やひらめき，知恵などを生み出したり，友達の発想やひらめきをそのまま取り入れるのではなく，それらを自分のものとしてアレンジして取り入れたりすることができる子ども」を挙げ，そのような子どもを育てるためには，「知識や技能を知恵として活用する力の育成」，「発想力や企画力などの育成」，「画一主義・平等主義からの脱却」，「コンピュータではなく人間だからこそ考えられること，できることの経験」，「考えたことを実践していこうとする情熱や意欲，態度の育成」といった視野に立った教育が必要であると記されている。同時に，それらはそれまで叫ばれていた「創造性の育成」という言葉では単に置き換えられるものではなく，「個の創造性の育成」とともに，「個の創造性を認める集団づくり」が必要になってくるため，「自分らしさ」という観点をポイントにした「独創」という言葉が生まれてきた背景も書かれている。

それから４年間が経ち，社会及び教育現場もめまぐるしく変化してきている。近年，これからの我が国の教育を考える一つの柱として「グローバル人材の育成」が強く叫ばれている。そこには，語学力・コミュニケーション能力，主体性・積極性，チャレンジ精神，協調性・柔軟性，責任感，使命感，異文化に対する日本人としてのアイデンティティー等がその要素として含まれるものと考えられる。

本校の「『独創』の教育」の研究成果が，これからの学校教育，新しい授業の創造にどれだけ意義を有するものなのか，その判断は読者諸氏にゆだねるほかないが，参考になる示唆を提供するものであることを確信している。授業実践とともに蓄積された知見を示した本書が，子どもたちの成長を真摯に願い実践に取り組んでいる教師の日々の「授業」に活用され，教育活動に生かされるならば，これ以上の喜びはない。

平成24年６月吉日

筑波大学附属小学校

目　次

第Ⅰ部　「『独創』の教育」とは何か

第Ⅱ部　各教科・領域における「『独創』の授業」

第Ⅰ部

「『独創』の教育」とは何か

1 「『独創』の教育」で育む資質・能力

1 新たな「自分らしさ」の追究

子どもたちは，日々の様々な学習活動を通して知識・技能・認識・考え方を獲得している。これらを基盤として，新たな，自分らしい「もの・こと・認識」を自分らしく創り上げていく子どもを育てたい。

そこで，私たちは，「『独創』の教育」を次のように定義した。

「『独創』の教育」の定義

仲間との創造的な体験を通して，自分らしく，知恵やものを新しく生み出したり，すでにあるものに新たな価値を付け加えたりする能力や態度を育てる教育活動

そして，その育むべき資質・能力を以下のようにとらえた。

「『独創』の教育」で育む資質・能力

自分らしく，知恵やものを新しく生み出したり，すでにあるものに新たな価値を付け加えたりする能力や態度。

この研究を始めた当初，一つの危惧があった。それは，「独創」という言葉そのものが与えるマイナスのイメージである。

私たちの教室には40人の子どもがいる。

例えば，その中のある男子は，自分の興味のあることに没頭し，とても質の高い知識ももっている。けれども，それを仲間に紹介しようとはしないし，仲間とそのおもしろさを共有しようとも思わない。また，仲間が興味をもつことには，自分から関わることもない。

例えば，ある女子は，クラスのレクリエーション大会のプログラムを決める際，それまでにはなかった新しいゲームを提案した。地域の子ども会でやってみておもしろかったらしい。けれども，クラスの仲間には受け入れてもらえなかった。説明不足が原因なのだが，腹を立てた彼女はその後ずっと話し合いを拒否し続けた。

私たちは，この「『独創』の教育」において，このような子どもを育むことを，当然だが望まない。私たちが求める「独創性」とは，自分らしさを核とする。けれども，

その「自分らしさ」は，独善性・独りよがり・わがままを意味しない。仲間との関わりの中でこそ，子ども自らが認識するものである。そして，仲間の「その人らしさ」を認めようとする態度があってこそ，自らの「自分らしさ」を肯定的に自覚することができる。

けれども，全国の小学校教室現場での悩みは大きい。

そもそも，学習課題に対して「自分の考え」をもてる子がどれだけいるか。たとえもてても，それを仲間に伝えようと積極的に挙手できる子がどれだけいるか。

それ以前に，基本的事項を反復練習を繰り返して習得させることが，最優先課題の子どもたちが存在するのが実情である。

もうずいぶん以前のことだが，朝日新聞の朝刊に掲載された高校の国語教師の投書を読んだ。

> 教室で国語を教えていると，顕著な現象に気づきます。それは，ほとんどの生徒に文章を主体的に読み，自分の考えを構築していこうという姿勢がみられないこと，教師の与える解釈や答えを鉛筆を握ってただ待っている態度です。
>
> つまり，テストでよい点数を採るためには，教師の示す「代表的な読み」を確実に覚える以外にないことを，彼らはよく知っているのです。むしろ，それが「授業を理解した」ことだと教育されてきた，といった方が，より正確かもしれません。

この国語教室にいる高校生たちの姿が目に浮かぶ。彼らは，この高校教師が悲嘆しながら指摘するように，正解をただ受け取ることが学習だと，小学校の６年間の授業を通して「学び」，「教えられて」きたのだ。

そして，恐らく，彼らの小学校の教室には，教師に指名され発言した仲間に対して，いつもこんな声が挙がっていたことだろう。「同じで～す」「いいで～す」。

近い過去に全国の教室現場を席巻した「読解力」低下論。その調査方法と調査内容に様々な論があるのは承知の上で，あえて述べれば，PISA 調査における日本の子どもたちの最大の課題は，「他者の意見・考えに対して，自らの意見・感想をもち，表出する力」につきる。自分の考えを記述するというある設問に対して，なんと40％の子どもたちが「無答」だった。彼らは，「自分らしさ」をもとうとしない，表出しようとしない，いや，できない。

高校教師の「正解をただ待って受け取る」子どもたちへの嘆きが新聞に載ったのは1992年のこと。それから20年，私たちの教室現場は何をしてきたのだろう。

2 「『独創』の教育」が志向する，学びの姿

(1) 仲間との関わりの中で育まれる「独創」の資質・能力

すべての子どもは，それまでの多様な学びにおいて育まれてきた「自分らしさ」をもつ存在であると，この「『独創』の教育」ではとらえる。

その子どもたち個々の「自分らしさ」は，仲間との関わりの学びにおいて，その「自分らしさ」を肯定的に自己認識することにより，「自覚する自分らしさ」へと変容していく。

子どもたち一人一人の「自分らしさ」の質的向上を図りつつ，日々の授業の継続を通して，少しずつスパイラル的に，「自覚する自分らしさ」へと転化・変容させていく営みが，「『独創』の教育」の本質であると考える。

例えば，一編の文章がある。子どもは，その文章を構成する言葉と関わりながら，様々にイメージ世界を形成する。この過程で発揮されるのは，現段階でその子がもっている「自分らしさ」である。それは，その子がそれまでに学習してきた言語認識の方法（言葉のとらえ方）に大きく影響される。

40人の子どもがいれば，40人個々の言葉のとらえ方が存在する。教室のみならず，生育してきた家庭を含む異なる言語環境・異なる言語生活体験によって育まれてきたものだからである。

国語の授業で，学習材である文章について，ある子が自分のとらえ方でイメージした考えをもつ。別のある子がまた自分のとらえ方による考えをもつ。

この学習段階では，40人の個の「自分らしさ」が思いつくままに孤立している状態である。それらが実際に表出され，互いにその差異を確認し合ったり，同じ方向性を認め合ったりして伝え合う過程によって，自分の考えの「自分らしさ」が認知できる。自らの「自分らしさ」が仲間との関わりの中で，確かなものへと変容する。

「『独創』の教育」は，けれども，この段階でよしとしない。

先に述べたように，この研究で育むべき「独創」の資質・能力を**「自分らしく，知恵やものを新しく生み出したり，すでにあるものに新たな価値を付け加えたりする能力や態度」**と私たちは定義した。授業における更なる段階が必要である。

仲間との関わり（伝え合い）の過程を通して，自分の考えの「自分らしさ」と，仲間の考えの「その人らしさ」を確認する。その上で，さらに，「では，他の考え方はないのだろうか」と新たな言語認識方法（言葉のとらえ方）を探ろうとする段階の意図的な設定である。

あえて，新たな自分の考えをつくろうとする能力や態度こそ，求める「自覚する自分らしさ」である。

その新たな考えは，「仲間へ伝えることで仲間が『なるほどな』と認めてくれる，きっと仲間が『すごいな』とほめてくれる」という意識で提示され，そして，仲間の一人一人によって，「なるほどな。すごいな」と素直に受容される。

だからこそ，次の学習において，仲間に認めてもらおうと，思いつきの考えに留まることなく，一つの考えに固執することなく，常に新たな考えを模索しようとする「独創」の資質・能力が育まれる。

「自分らしさ」を仲間に伝えることに躊躇しない強さ・たくましさ，そして，仲間の「その人らしさ」を受け入れようとする優しさ。そんな強さと優しさを合わせもった40人がつくる学級集団の「空気」こそ，「『独創』の教育」は志向する。

(2) 「思いつき」から「自覚する自分らしさ」へ

新たな学びにおいて，子どもたちは「自分らしさ」を発揮しつつ活動している。けれども，その「自分らしさ」は既習体験・既習事項を確かに踏まえた上での「自分らしさ」とは言えず，単なるその場の「思いつき」レベルに留まっていることが多い。

もちろん，学習課題に対して，自分なりの「考え・意見・表現・方法」をもち，それを表出する行為は価値がある。私たちの追究する「『独創』の授業」づくりにおいても，この学習段階が必要不可欠な大前提になろう。

しかし，様々な学習場面で，「思いつき」を即時に発言する子どもを，私たちは，よしとしない。求めるべきは，自分の「思いつき」をもう一度学習課題に対応させ，その適合性を自ら吟味しようとする子である。

これまでの学びの体験（習得してきた，その教科特有の「力」）を想起し，思いついた「考え・意見・表現・方法」を自らつくり直そうとする子である。このとき，単なる「思いつき」レベルの「自分らしさ」は，確かに「自覚する自分らしさ」へと変容する。

この「自覚する自分らしさ」への変容を促すためには，やはり，仲間（関わり合う他者）の存在が重要になろう。

「思いつき」は，同じ学習課題に向かう他者に説明できないからである。

その「思いつき」を仲間に分かるように話してごらんという指示によって，その子は，自分の「思いつき」を再検討するだろう。仲間を説得するために，その「思いつき」の裏付けとなる根拠を探ろうとするだろう。この子は，あらためて学習課題に正対し，自分らしい「考え・意見・表現・方法」をつくろうとする。

このような学びの継続こそが，私たちが求める，**「自分らしく，知恵やものを新しく生み出したり，すでにあるものに新たな価値を付け加えたりする能力や態度」**を育んでいく。

3 「『独創』の教育」が志向しない，学びの姿

(1) 「教師誘導の正解至上主義」の授業

例えば，国語の文学作品のある授業。

文学作品の「主題」を「作者が作品を通して最も強く伝えたいこと」と定義して，作品に確定して存在するという文学主題論が，国語教室現場にはまだ大きな影響力をもっている。

だから，国語教師は，その「正解＝作品の確定された主題＝教師の詳細な作品解釈」を子どもたちに一生懸命になって教えようとする。小学生は未熟で読解力がないと思い込み，手取り足取り，解釈してあげようとする。発問を練り，ワークシートを用意し，ノートをとらせ，話し合いをさせようとする。

もちろん，あからさまに「正解＝教師の教材解釈」を教え込むようなことはしない。あくまで，「学習者主体・子ども中心」の授業の形を大切にする。

例えば，学習課題も，子どもたちとの話し合いによって決められたものにする。いわゆる「みんなでくわしく考えたいこと」だ。その学習課題づくりは，単元開始直後に行われることが多い。実際，公表された実践記録には，「単元第一次－通読後，初発の感想を書く。課題を出し合い，単元の学習計画を立てる。」と書かれたものがたくさんある。本当だろうか。本当に，通読後に「みんなで学習課題」を作れるのか。

宇佐美寛氏は，教師があらかじめ望んでいた学習課題に至るような感想のみを取り上げる国語教室の現状を「不当な差別」であり，「欺瞞」であるとさえ言う。

> 自分が本音で書いた（言った）感想が，とりあげられず，何の反応もされないという目にあったら，子どもはどう思うだろうか。「先生の望むような，『学習課題』にうまく合うようなことを上手に言えばいいんだ。」と思うはずである。しかし，実際には，多くの場合，早くから子どもたちは「感想を言いなさい。」という言葉，「思ったことを書きなさい。」という言葉を，その額面通り受け取ってはいないようである。子どもは授業の先を読んでいる。教師の意図を知って，それに合わせている。しかも，子どもは，自分の頭がそのように順応的になっているということを意識していない。

この宇佐美氏の言と，全く同様な学習場面を「話し合い」でも見ることが可能だ。

ある発問課題について，子どもたちが自分の意見をノートにまとめる。そして，話し合いに入る。教師に促されて数人の子どもが手を挙げる。教師がそのうちの一人を指名し，その子が意見を述べる。発言を聞きながら，ふんふんと頷く教師。けれども，表情は冴えない。次の子に指名する。その子の意見を聞きながら，教師の目が輝き，表情が変わるのがはっきりと分かる。そして，周りの子どもたちに大きな明るい声で

話す。「今，にへい君，とってもいいこと言ったよ。ねえ，みんなもう一度言ってもらうから，よく聞いて。」

それから，黒板にその子の意見の要点を大きく板書する。前に発言した子の意見も申し訳程度に。

きっと，「できる子」は，教師の反応を見抜いている。自分の読みの世界をいかにつくり，表現するかの観点ではなく，いかにして教師が求めている「答え」を探り，見つけ出し，発言するかが授業への参加の観点となる。

文学作品を「教材」にして，その作品のもつ内容価値を教え込もうとする国語科単元がある。かつて，「平和教材」と類される文学作品がどの教科書にも必ず掲載されていた。今西祐行の『一つの花』，壺井栄の『石うすの歌』，大川悦生の『お母さんの木』，あまんきみこの『ちいちゃんのかげおくり』……。国語教師たちは，これらの作品を学習材にして国語科単元を展開した。一生懸命に教材解釈をし，授業を構想し，読ませ，書かせ，話し合いをさせた。そして最後に，どの子にも言わせようとした。「戦争は悲しく恐ろしい。今の平和な世の中で生きていくことを幸せに思います。」

否定すべきは，ある一つの道徳的価値観を押しつけるために，子どもに正解解釈を押しつけること。子どもたちに悟られないように巧みに読みの方向を誘導する，その欺瞞性。

子どもたちの中には，『一つの花』から，親子の絆を考える子もいるだろう。自分の父親と母親の存在にあらためて思いを巡らすかもしれない。『石うすの歌』を読んで，悲しみから立ち直ろうとする千枝子の強さを思うだろう。支え合うことの大切さを考える子もいるに違いない。けれど，この国語教室では，それらの多様な子どもたちの読みは埋没する。「平和の尊さ」を伝えよう，教えようとする良心的な国語教師の懸命な授業によって。

このような「正解至上主義」の授業では，決して，「独創の資質・能力」は育まれない。

(2) 「みんな違って，みんないい」の授業

例えば，国語の詩のある授業。

詩の話者の気持ちをみんなで発表し合う学習場面である。ノートに自分の考えを書いてまとめた後，教師が発言を求める。「ハイ！」と勢いよく，たくさんの手が挙がる。

最初に指名された子が言う。「話者の少女は悲しかったと思います。だって，涙が一粒こぼれたって書いてあるからです。」すると，別の子どもが発言する。「私は，この少女はうれしかったと思います。うれしいときにも涙は出るからです。」また，別

の子が,「さみしさとうれしさが混じり合った気持ちです。どっちとも，はっきりと分からないからです。」

授業は，その後も，バラバラな「孤立した自分らしさ」の表出が続いていく。教師は，その意見をただ板書し，そして，授業の最後に言う。「みんな一生懸命に自分の読みを発表したね。大変すばらしい。詩の読みには正解はありません。自分なりの意見をもつことが大切なのです。」

例えば，図工の絵の授業。

題材は,「不思議な建物」。40人の子どもたちが，それぞれに工夫した建物を一生懸命に描く。ある子は，形にこだわって見たこともない家を描いている。ある子は，色にこだわって，自分らしさを表現しようとしている。ある子は入り口のない家を，またある子は上下が逆さまな建物を黙々と描いている。教師は，それぞれの工夫を笑顔でほめながら一人一人にアドバイスを与える。

やがて，授業の終末段階。完成した何人かが自分の絵を友達に見せながら，自分なりの工夫点を話す。バラバラの孤立した「自分らしさ」が，授業を通して「自覚する自分らしさ」に変容する過程がどこにも保証されていない。

そして教師が最後にまとめる。「みんな一生懸命に自分の作品を作ったね。大変すばらしい。どれが優れているかは問題ではありません。自分なりの工夫した表現をすることが大切なのです。」

このような「みんな違ってみんないい」の授業では，決して「独創」の資質・能力は育まれない。

ただ，矛盾するようだが，この「みんな違って，みんないい」の思想を私たちは否定しない。

教室現場でよく聞く，この言葉は，金子みすゞの詩からの引用である。独特の感性の詩人である金子みすゞは，その作品「わたしと小鳥とすずと」の中で,「私」と他者との関係性に深き洞察をめぐらし,「自分らしさへの誇り」と「他者のその人らしさへの敬意」を唱う。

互いの「考え方・意見・表現・方法」を確かめ合い，認め合う場を通して，自尊感情と他尊感情を子どもたちに実感させていく学びこそ，本来の意味の「みんな違って，みんないい」の授業なのだろう。そして,「『独創』の授業」もまた，そんな学びの姿を求める。

4 目指すべき「独創」の学びの姿

新しい学習指導要領が平成24年度に完全実施になった。その改訂の柱として，中央教育審議会が答申したのが「思考力・判断力・表現力」の育成である。

この背景の大きな一つに前掲のPISA調査結果があることは答申自体に述べられているが，特筆すべきは，これらの力が「生きる力」として重視されていることである。単なる知識・技能の習得という「机上の学力」に留まることなく，子どもたちが社会を生きていく力を獲得させることを主張した。

> 社会経済の各分野での規制緩和や司法制度改革などが進む現代の社会において，自己責任を果たし，他者と切磋琢磨しつつ一定の役割を果たすために必要な力として「思考力・判断力・表現力等」（改正学校教育法30条②に明記）が位置づけられた。

さらに，この答申を受け，新学習指導要領の総則は，その第一に次のように謳う。「学校の教育活動を進めるに当たっては，各学校において，児童に生きる力をはぐくむことを目指し，創意工夫を生かした特色ある教育活動を展開する中で，基礎的・基本的な知識及び技能を確実に習得させ，これらを活用して課題を解決するために必要な思考力，判断力，表現力その他の能力をはぐくむとともに，主体的に学習に取り組む態度を養い，個性を生かす教育の充実に努めなければならない。」

私たちの研究主題「『独創』の教育」は，この新しい学習指導要領の方向性を認めようと思う。

繰り返すが，私たちは，教師が教える「正解」をただ待って受け取り，テストで満点を取ることでよしとする子どもの学びの姿を求めない。

獲得した知識・技能を駆使しつつ，あらゆる課題に対して自ら対峙し，自ら考え，判断し，自ら仲間に分かってもらおうと表現する，自分らしく学びを展開しようとする子どもの姿を求める。

子どもたちは，私たちの次の社会を生きていく存在である。

私たちの社会では，多くの人たちが精神的な病にもがき，毎年３万人もの人が自ら命を絶つ。

インターネットでは自ら名乗ることなく，他者を誹謗・中傷する言葉があふれている。お年寄りの精一杯の愛情を踏みにじる詐欺事件は絶えない。

価値の多様化はますます広がる。直近の出来事では沖縄の普天間問題に世論は揺れる。核問題と宗教問題は地球的規模で異なる正論同士がぶつかり合っている。今日も戦争は続いている。

子どもたちは，この社会を生き，さらにカオス化が進むだろう次の社会を生きなければならない。

しかし，だからこそ，学校教育がある。

私たちは，「『独創』の教育」のもとで，いわゆる「普通とは変わった奇人」「天才肌の人」，まして，「一般市民の中から傑出したエリート的存在な人」を育てようとはしていない。

学級にいる40人の個のだれもが，「独創性高き人」として育ちゆくことを求める。そして，私たちは，現状を建設的に打破する，次の世代の「人」を育てることを願う。「今の私が私である。そして，私はもっと私らしくありたい。そのために，仲間と学ぶ」という，毅然とした自尊感情に満ちた，40人の個を育てたい。

「独創」の教育，「独創」の授業の追究は，だから，大きな意義がある。

「『独創』の教育」が目指す「『独創』する人」

○既存の価値に基づく思考・判断で行動するのではなく，「これでいいのか。」という問いを常にもちながら，自らの価値判断で生きようとする人。

○今ある自分の「自分らしさ」を肯定的に自己認識しつつ，だからこそ，その「自分らしさ」を高めようとする人。

○自分と関わる人の「その人らしさ」を，自分と異なるからこそ認めようとする人。

この「『独創』する人」は，小学校６カ年のカリキュラムでその育成が完結するものではなく，生涯にわたってそれぞれが追い求めていく。

初等教育段階では，各教科・領域において，「『独創』する人」の素地（「独創」の芽）を育むことを目標とし，日々の授業で学習指導が展開される。

重視すべきは，授業における「『独創』の学びの姿」の具現化である。

「独創」の学びの姿

1．既習・既得の「知識・技能・考え方・価値観」（今ある「自分らしさ」）を踏まえつつ，自分のよしとする考え（新たな「自分らしさ」）を模索し追求する活動に没頭する姿。

2．仲間との関わりの過程を通して，発想したり創造したりした仲間の「その人らしさ」を認め，受け入れ，自ら活用する姿。

この「『独創』の学びの姿」を各教科・領域の授業において，いかに具現化するかを「『独創』の教育」の中心に置いた。

❷ 「『独創』の授業」の条件と指導法の核

1 「『独創』の授業」づくりの条件

第1年次の研究では，「独創」を支える資質・能力をもった子どもの姿に焦点を当てて考察した。しかし，第2年次の研究を進めるにあたって，下記のような新たな問題が浮かび上がってきた。

その子どもの姿は，本当に「独創」を支える資質・能力をもった子どもなのか。
「『独創』の教育」は，これまでの研究とどこが違うのか。

そこで，第2年次の「授業づくりの条件」を明らかにするために，まず「『独創』の教育」で育てたい子どもの姿について，今一度はっきりさせることになった。私たちは，その姿を次のようにとらえた。

> 私たちが「『独創』の教育」で求めたい子どもは，教師が教える「正解」をただ待って受け取り，テストで満点を取ることでよしとしない。獲得した知識を活用しながら，あらゆる課題に対して自ら向き合う子どもである。そして，自ら考え，判断し，自ら仲間に分かってもらおうと表現する，さらに，自分らしく学びを展開しようとする子どもである。

また，研究を進める中で，私たちが求める「『独創』の教育」は，「小学校6年間で完結するものではない。現状を建設的に打破する次の世代の『人』を育てることにあるのではないか」と考えた。

そう考えると，「『独創』の教育」は，子ども一人一人が生涯にわたって自ら追い求めていくものである。

初等教育段階では，「『独創』する人」の素地を育むことを目標にし，各教科・領域の特性ならではの「独創」の授業を繰り返す。その結果，「『独創』する人」が育っていく。

すべての子どもは，多様な学びにおいて「独創」する存在である。そして，その「独創」は，仲間との関わりの中で育まれる。さらに，「独創」は，仲間との関わりの学びにおいて，その「自分らしさ」を肯定的に自己認識することにより生まれる。すると，「『独創』の学びの姿」は，これまでに学習してきた一人一人の言葉のとらえ方（言語認識の方法）に大きく影響される。私たちは，「思いつき」や「ひらめき」を即座に発言する子どもが「独創」する子どもではないとした。それは，「思いつき」や「ひらめき」を再び学習課題に対応させ，その適合性を自ら吟味する子どもこそ，「独創」する子どもであると考えたからである。これまでの学びの体験を想起し，思いついた「考え・意見・表現・方法」をつくり直そうとすることが大切であるからである。

ところで，「『独創』の教育」を考える上で，次の点が話題になった。

これまでの「みんな違って，みんないい」のようなタイプの授業から，子どもの「独創」を引き出すことは難しいのではないか。

例えば，音楽科や図画工作科のように表現を主とする教科では，教科の特性として「みんな違って，みんないい」のように授業が拡散的に終わる場合がある。すると，次のようなことが問題になる。

・「教師のねらいが分かりにくい」
・「子どもの『独創』が仲間から認められにくい」

そこで，「みんな違って，みんないい」の授業で完結するのではなく，互いの「考え・意見・表現・方法」の違いを確かめ合う場面を設定する。そして，仲間で認め合った後，互いの価値観をぶつけていくと，「独創」する子どもが生まれるのではないか。つまり，学びが拡散することで終わるのでなく，収斂させることによって表現教科がもつ課題が克服されることにつながる。

このように「『独創』の学びの姿」を探る中で，教科の特性によっては，「拡散から収斂へ」という授業の条件が明らかになった。

最後に，実際に各教科・領域で授業を検証し，「『独創』の学びの姿」を支える条件として，整理したのが次の6つである。これらが子どもたちの「『独創』の学びの姿」を支えるものである。

「『独創』の学びの姿」を支える条件

1　基礎・基本
・基礎的な知識・技能の習得が前提であること

2　子ども観
・自ら学ぼうとする子どもの問題意識からスタートすること

3　教師論
・教師自身も「独創」を認め，評価する目をもつこと

4　教材観

・子どもの「独創」を支える資質・能力が喚起されるものであること
・学習ポイントが明確であること

5 「時間・仲間・空間」の設定

・「独創」する「時間」が確保されていること
・「独創」を認め合う「仲間」がいること
・価値を共有し，学びを保証する「空間」があること

6 評価

・「独創」に対する価値づけをすること

子どもは，好きなこと，具体的な目標があることに対しては，時が経つのを忘れるほど没頭する。そして，本当に好きなこと，興味をもてること，打ち込めるものを見つけられる場（環境）があり，その中から新しい知恵や価値を生み出していく方法が分かると，子どもは進んでよりよい知恵やものを創り出そうとする。さらに，その新しい知恵や価値を認めてくれる教師や優しい仲間がいると，「独創」が生まれると考える。

2 「『独創』の授業」の指導法の核

(1) しなやかに活用できる「基礎・基本」の習得が必須である

私たちが子どもに育てたい「基礎・基本」とは，各教科・領域において習得させる必須の「基礎・基本」であり，また，子どもの知識や技能に留まらない考え方や価値観のことである。それは，子どもが「問い」を解決するための思考や学び方でもある。しかし，ただ記憶として蓄積されるだけでは意味がない。日々の授業で繰り返す中で磨かれてこそ活用できる力となる。

中島寿教諭は，一見難解なキュービズムやシュールレアリズムなどの美術作品が「でたらめ」でなく「オリジナル」な表現として評価されていることを例にして，モーツァルトやベートーヴェンや武満徹においても「オリジナル」として評価されているものは「基礎・基本」の上にあると言う。そして，「独創」を支える資質や能力も「基礎・基本」を土台にして育むことの大切さを主張した。

授業は，和太鼓を使って３種の基本的なリズム打ちを習得することから始まった。この基本的なリズムをクラス全員で順番に打ちながらつなげていくことで作品を創り上げた。さらに，３つのリズムの中から，その場で好きなリズムを打ったり，自分で即興的につくったリズムを打ったりすることによって「自分らしさ」を表現した。

このように，「自分で選んだりつくったりする」ことを土台にして，題材「リズムの即興でアンサンブル」の活動を行った。大事なことは，自分だけが納得する「オリ

ジナル」ではなく，仲間から認められるものを生み出させたいと考えたことであった。

中島教諭は，このように活動を意図的に仕組むことによって，子どもが耳と目で確認しながら「意図して組み合わせる」「その場でつくって表現する」ことを期待した。

これらの活動を通して子どもが，基本のリズムに新たな価値を付け加えるためには，土台，すなわち，「基礎・基本」を習得することがいかに大切かが明らかになった。また，オリジナルと言われるものは，何もないところから偶発的に生まれるのではなく，「基礎・基本」の積み重ねの中で，そのリズムをうまく取り入れたり，それを刺激して新しい発想を組み入れたりすることから生まれることが分かった。

このように，「基礎・基本」は，子どもの新しいものを生み出したり，新たな価値を付け加えたりするために最も重要な原動力である。この「基礎・基本」なくしては，後述の「混沌」の意図的設定や「関係づけ」の認識方法の育成もできないと言っても過言ではない。「独創」は，全く偶然に何もないところから突然思い浮かぶものではないからである。

しかし，注目すべきことは，この「基礎・基本」をしなやかに活用できることである。「しなやかに」とは，決まった法則や順序に合わせて機械的に活用するのではなく，柔軟に，臨機応変に，時と場合に応じて引き出すようにしたい。さらに，人が「なるほど」と思えるように目指したい。

(2) 指導法には「混沌」と「関係づけ」の2つの核がある

第3年次，私たちは2つの核を重点にした授業づくりを行い，その指導法を探ることにした。それは，「混沌」の意図的設定と「関係づけ」の認識方法の育成である。

子どもは，問題解決の中では，「基礎・基本」を適切に活用しながら解決に取り組んでいる。しかし，それは，おおよそ決まり切った「基礎・基本」を当てはめていることが多く，試行錯誤の中から「新しい価値」を生み出さなければならないという切実感や危機感を意識することは少ない。そこで，教師が意図的にただ基礎的な「知識・技能」を活用するだけではどうしようもない場面，つまり，子どもにとって答えがないとか，答えが分からない，どちらを選んでいいか分からないという場を設定する。すると，子どもは，「基礎・基本」をしなやかに活用しながら新しい知恵や価値を生み出さなくてはならなくなる。このような場を私たちは「混沌」と呼ぶことにした。

もし，この「混沌」を授業の中で教師が意図的に仕組むことができたら，子どもは自分の「考え・意見・表現・方法」を様々な対象と「関係づけ」ながら新たな自分の考えを創り上げていく。

「混沌」の中から「独創」が生まれる。そして，「独創」は新たな「基礎・基本」を生み出す。このように，また新たな「自分らしさ」が育てられるのである。子どもがこの「混沌」において，何を選び関係づけ，どのように自分の考えを構築していくかによって，さらに「自分らしさ」が磨かれていくのである。

すると，「独創」を支える資質・能力は，各教科の「独創」の授業において，「混沌」を意図的に仕組み，「関係づけ」の認識方法をいかに育むかが重要になる。

私たちは，「『独創』の授業」の指導法の核を次のようにとらえることにした。

「『独創』の授業」の指導法の核

1 「混沌」の意図的設定

①教材・問い

・子どもが「考えたい・やりたい・表現したい」と食いつく教材・問い

・「自分はこう考える，こうする，こう表現する」と自分をもてる教材・問い

②教師の見取り

・子どもの考えの本質を見抜き，拾い上げ，混沌をあえてつくる教師の技量

③授業構成

・安定した状態を揺さぶることで，さらなる自分をつくらせようとする授業構成

・個の学びと集団の学びの密接な相互関連を図る「拡散と収斂」の授業構成

2 「関係づけ」の認識方法の育成

・既習の事項と関係性を探ることで，新たな考え・方法・表現を見いだす認識方法

・全く異質なジャンルの既習事項との新たな関係性を探る認識方法

・他者の考えを自分の考えに関係づけ，新たな方向を探る認識方法

① 指導法の核・その１：「混沌」の意図的設定

子どもは，問題解決の連続の中で生きている。その学習過程は，あらゆる「基礎・基本」の組み合わせをベースとして成り立っていることは言うまでもない。「基礎・基本」の習得，発揮なくして，問題を乗り越えることはできないのである。

しかし，自分の中に蓄積されている「基礎・基本」だけではどうしようもない場面に遭遇することがある。既習事項はもちろん，これまでの実生活における経験をもとに子どもたちは考え，試行錯誤するが，なかなか解決への糸口が見つからない。

この状況が「混沌」である。この中で子どもたちは，既存の「基礎・基本」を越えていかに自分の力を発揮できるか，いかに「自分らしさ」を発揮できるかが問われることになる。

このような「混沌」の状況を教師が意図的に仕組むことができれば，子どもが学習の過程で得られる情報は拡散していく。そして，その拡散した情報を取捨選択し，自分らしく，知恵やものを生み出したり，すでにあるものに新たな価値を付け加えたりすることによって関係づけられ，言語化などの様々な表現方法によって意味づけされ

ていくことになる。

②　指導法の核・その２：「関係づけ」の認識方法の育成

新しい発想なり視点やアイデアというものは，実際に顔と顔をつき合わせてのせめぎ合いの中でこそ生まれる。そして，その時の思考のプロセスにこそ「独創」のきっかけがあり，必要とされる能力の一つが「コミュニケーション能力」である。

ここで言う「コミュニケーション能力」とは，単に他者と仲良くできる能力のことではない。端的に言えば，「相手の考えを変えることができる能力」である。新企画のプレゼンテーションにしても，新しい商品の売り込みにしても，聞き手の考えを変えることができなければ，望む成果は得られない。そのためには，他者の理解度をモニタリングし，自分の表現をコントロールすることが必要となってくる。

着目すべきは，変わるのは相手だけではないことである。他者との関わりから「自分の表現や考えを変えることができる能力」も兼ね備えてこそ，価値あるコミュニケーション能力と言える。この「相手も変わる，自分も変わる」という事実を生み出すためには，情報同士の有機的な関係づけと意味づけ，さらには，人と自分との関係づけが必要である。

実生活における問題解決の過程では，個人と集団の関係はフレキシブルに変化する。学習者は時に集団に属し，時に個人でと，集団と個を行ったり来たりしながら，自分の考えを構築していくことになる。これが，私たちが実社会で経験する問題解決の一つの姿である。

「共生・共創の学び」の研究においては，集団による問題解決にスポットを当ててきた。本研究においては，子ども一人一人に，我々教師が目指してきた問題解決が実現されていたのかを，「独創」の視点から再検討する必要がある。

もちろん，「共生・共創の学び」を否定しているわけではない。いわば，「独創」を成立させるための前提条件と考える。

目指すは，「共生・共創の学び」をベースにした自分の理論・論理を自らの力で創り上げることのできる能力や態度の育成である。

「『独創』の教育」の構想図

「『独創』の教育」

仲間との創造的な体験を通して，自分らしく，知恵やものを新しく生み出したり，すでにあるものに新たな価値を付け加えたりする能力や態度を育てる教育活動

「『独創』の教育」で育む資質・能力

自分らしく，知恵やものを新しく生み出したり，すでにあるものに新たな価値を付け加えたりする能力や態度

「独創」の学びの姿

○既習・既得の「知識・技能・考え方・価値観」（今ある「自分らしさ」）を踏まえつつ，自分のよしとする考え（新たな「自分らしさ」）を模索し追求する活動に没頭する姿。
○仲間との関わりの過程を通して，発想したり創造したりした仲間の「その人らしさ」を認め，受け入れ，自ら活用する姿。

「独創」の学びの姿を具現化する授業

「『独創』の授業」の指導法の核

1 「混沌」の意図的設定

①教材・問い
・子どもが「考えたい・やりたい・表現したい」と食いつく教材・問い
・「自分はこう考える，こうする，こう表現する」と自分をもてる教材・問い

②教師の見取り
・子どもの考え・表現の本質を見抜き，拾い上げ，「混沌」をあえてつくる教師の見取り

③授業構成
・安定した状態を揺さぶることで，さらなる自分をつくらせようとする授業構成
・個の学びと集団の学びの密接な相互関連を図る「拡散と収斂」の授業構成

2 「関係づけ」の認識方法の育成
・既習の事項と関係性を探ることで，新たな考え・方法・表現を見いだす認識方法
・全く異質なジャンルの既習事項との新たな関係性を探る認識方法
・他者の考えを自分の考えに関係づけ，新たな方向を探る認識方法

「『独創』の学びの姿」を支える条件

1 基礎・基本
・基礎的な知識・技能の習得が前提であること

2 子ども観
・自ら学ぼうとする子どもの問題意識からスタートすること

3 教師論
・教師自身も「独創」を認め，評価する目をもつこと

4 教材観
・子どもの「独創」を支える資質・能力が喚起されるものであること
・学習ポイントが明確であること

5 「時間・仲間・空間」の設定
・「独創」する「時間」が確保されていること
・「独創」を認め合う「仲間」がいること
・価値を共有し，学びを保証する「空間」があること

6 評価
・「独創」に対する価値づけをすること

国語科「独創」授業	社会科「独創」授業	算数科「独創」授業	理科「独創」授業	音楽科「独創」授業	図工科「独創」授業	家庭科「独創」授業	体育科「独創」授業	道徳「独創」授業	総合活動「独創」授業

「『独創』の教育」が目指す「『独創』する人」

○既存の価値に基づく思考・判断で行動するのではなく，「これでいいのか」という問いを常にもちながら，自らの価値判断で生きようとする人。
○今ある自分の「自分らしさ」を肯定的に自己認識しつつ，だからこそ，その「自分らしさ」を高めようとする人。
○自分と関わる人の「その人らしさ」を，自分と異なるからこそ認めようとする人。

第Ⅱ部

各教科・領域における「『独創』の授業」

1 国語科の「『独創』の授業」

1 国語科の「『独創』の授業」像の構築

(1) 国語科における，具現化したい「独創」の学びの姿

「ごんぎつね」の最終場面の授業。ある子どもは「ごんは悲しかっただろう」と考える。ところが，「ごんは嬉しかった」という友達の意見に，「そうかな」と作品を読み返したり，友達の示した根拠を吟味したりし始める。そして，「なるほど，『嬉しい』とも言えそうだ。『悲しい』のはごんではなく，読者である自分ではないか。人と動物との分かり合えない『せつなさ』の方がぴったりだな」と考える。このように，「『独創』の学び」では，考えが揺らいだり，深まったり，層が厚くなったり，自問自答し続ける子どもの姿が見られることを目指す。

まずは自分の考えをもつ。そして，仲間たちと関わる中で根拠を明らかにしながら自分なりの解釈を構築し，自分だけの作品世界をつくり上げる。これが「読むこと」における目指す子ども像である。このような「理想の子ども像」から，国語科における「『独創』の学びの姿」を次のように定義した。

国語科における「独創」の学びの姿

新たな問題場面に対し，他者と関わる中で，それまでに身に付けた話し方・聞き方，書き方，読み方を駆使しながら解決したり，表現したりする。さらに，他者と自分の考えとを照らし自問自答しつつ，新たな考えをつくろうとする姿。

本研究では「読むこと」の領域に絞り，指導法を究明することとした。

(2) 「『独創』の授業」を支える条件

① 拡散・収斂型の授業（単元）構成

授業（単元）の構成には，次のようなタイプがある。

○拡散型授業……課題に対して出された意見をどれも認めるタイプ。

○単線型授業……指導者の決めたゴールに最短で到達させるタイプ。

○拡散・収斂型授業……個の多様な考えを表出させる「拡散」の場を確保し，その後，互いに関係づけながらゴールへと「収斂」させるタイプ。

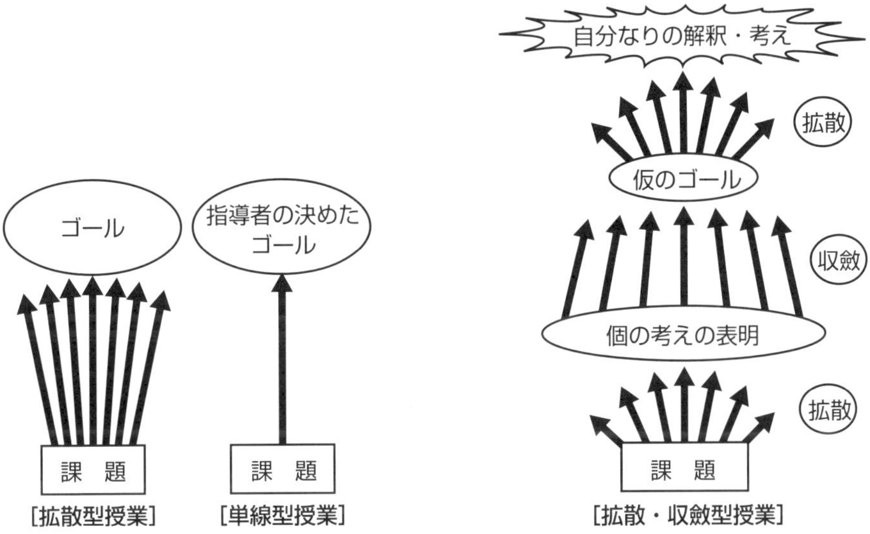

図1　3つの授業タイプ

拡散型授業は「みんな違って，みんないい」授業とも言い換えられ，評価が難しい。一方，単線型授業は正解至上主義的と批判される。いずれもねらいや活動によっては適した授業スタイルであり，一概に否定されるものでない。そのような中で，国語科における「『独創』の教育」には，「拡散・収斂型授業」が最適と考える。個が様々な意見を述べる中で，課題に対してよりよい考えを求め，互いの考えを関係づけ評価し合う過程にこそ，「『独創』の教育」は育まれるからである（図1）。さらに「『独創』の教育」では，学習集団としてのゴールに満足することなく，自分なりの解釈や考えをつくり続けるため，「ゴール」に思えていたものさえ「仮のゴール」にすぎない。

② 「関係づけ」の土台となる「読みの系統」

「関係づけ」を仕組むには，「読みの力」やそれに伴う用語を系統的にとらえておくことが前提となる。文種によって，「読みの力」は異なる。説明文と文学それぞれの「読み」に関する主だった用語と内容を低学年から高学年まで，発達段階に従って示す。

【説明文の読み】

低	・「問い」と「答え」	
↓	・要点	
中	・文章構成	・要約
↓	・論の展開（結論の位置）	
高	・要旨（筆者の主張）	

【文学の読み】

低	・登場人物	・設定（時，場）
↓	・出来事	・結末
中	・全体の構成	・技法と効果
↓	・視点	・伏線
高	・作品のテーマ（主題）	

(3) 「『独創』の授業」の核となる指導法

① 「揺さぶり」と「論理性のある対話」

第Ｉ部第２節で述べた「『混沌』の意図的設定」と「『関係づけ』の認識方法の育成」を受け，「読むこと」における指導法として，２つの柱を設定した。

◆「揺さぶり」のある授業

◆論理性のある対話

「『揺さぶり』のある授業」とは，「読み」の定石や一定の解釈で落ち着こうとするところへ，指導者が意図的混沌を生むような「揺さぶり」をかけることである。

「揺さぶり」をかけた後の，混沌とした状態から収斂させていく段階で必要となるのが「論理性のある対話」である。例えば，課題に対してある子どもが他とは違う考えをもち，それを説明する。ところが，分かってもらえない。これは，その考えがその子だけの論理だからである。学習集団に共有化された論理によって説明されなければ，「関係づけ」は成立しない。「『独創』の授業」とは，ある一人が出したアイデアについて，はじめはそのアイデアを支える論理が学習集団全員に共有化されていくことである。また，このような論理的思考を行うには，先に示した読みに関する用語や読みの方法などが共有されていることも必要条件となる。

② 「論理性のある対話」を支える思考認識

「論理性のある対話」を支える論理的思考力のうち，国語の授業においては次の思考が出現する頻度が高い。読みの力をつけるとともに，思考認識の方法も意図的に身に付けさせておかなければならない。

- **比較**（共通点，類似点，相違点）
  ～と似ているところは，　～と違って，　～に付け足すと，
- **因果関連**（原因と結果，理由と結論）
  なぜかというと，　～から――と考える。
- **類推**（推測，仮定，置き換え）
  たぶん，　もし～だとすると，　～だったら，
- **抽象化，一般化**（具体，例示）
  つまり，　まとめると，　要するに，　例えば，　～の場合，

(4) 「『独創』の授業」における評価

「『独創』の授業」における評価とは，「意図的混沌の場」において，ある子どもを評価することで全体の思考が深まるものを指す。この評価をするのは指導者だけではない。相互評価や自己評価など，子ども自身も評価者としての役割を果たす。したが

って，課題に対して「正解，不正解」「できている，できていない」といった到達度評価とは，質を異にする。先の「ごんぎつね」の授業で，「ごんはうれしかったと思う」という子どもの意見を教師が取り上げたことが評価であり，クラス全体へと返すことで「悲しかった」と考えていた子どもが「そうかな」と思考を始めたのである。

2 国語科の「『独創』の授業」像の提案

(1) 授業づくりの流れ

授業をつくるには，まず，新たに獲得させたい「読みの力」を精選するところから始まる。次に，そのねらいと学習材の特性や学習者の実態を照らし，授業を構想する。この学習者の実態には，既習事項や習得の度合いといった学習実態だけでなく，学習者の興味・関心，環境といった生活実態も含まれる（図2）。

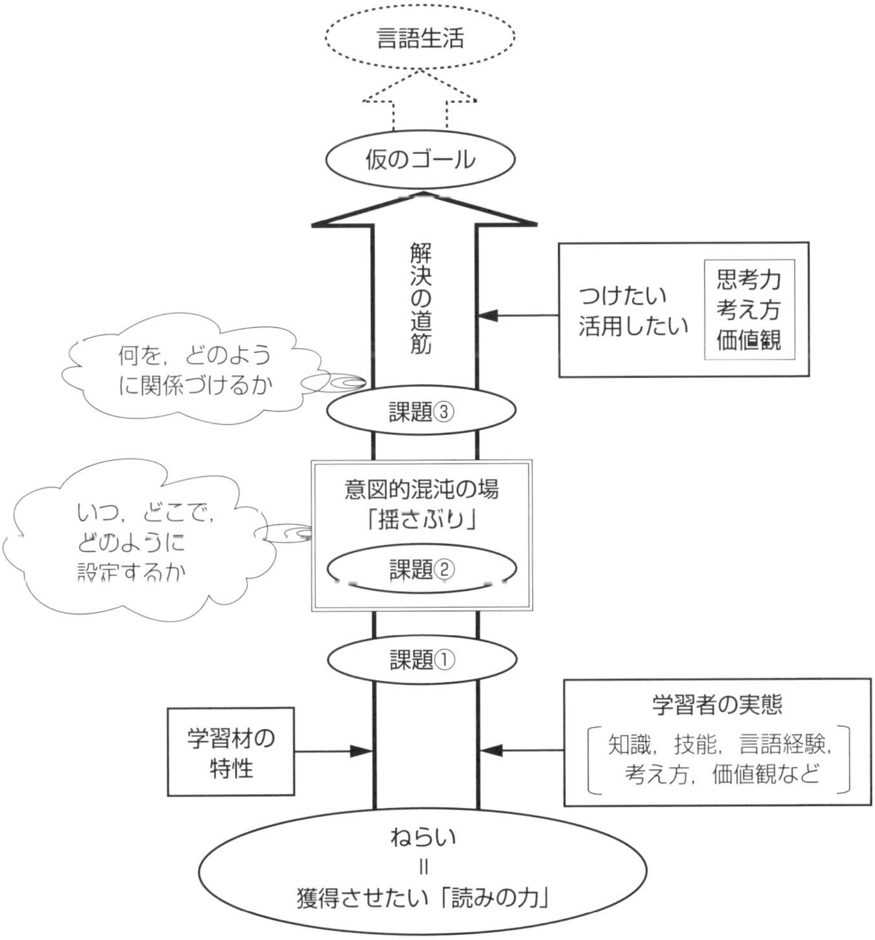

図2　授業づくりの流れ

「『独創』の教育」の授業では，「読み方」に加え，問題を解決する過程で思考方法（考え方）や価値観を身に付けることまでをもねらう。そのために，異なる考えや価値観を表出させるための「意図的混沌の場」を設け，「揺さぶり」をかける。 指導者は，ねらいに即した着地点はもとより，何を，いつ，どのように関係づけるかということも含め，混沌とした状態から後の道筋や方法，その過程で身に付けたい考え方（思考方法），態度，価値観，表現力，判断力なども構想して授業をつくっていく。

(2) 「揺さぶり」の３つのタイプ

① 学習材で揺さぶる

教材文の一部を書き換える（隠す），段落の順序を入れ替えるといった，指導者が「しかけ」をつくる方法である。この他，教材を区切りながら少しずつ出会わせたり，複数の教材を組み合わせて提示したり，教材文の見せ方を工夫したりする方法，指導者が自ら学習材を書き下ろす方法などもこのタイプに含まれる。

② 課題設定で揺さぶる

指導者がモデルとなる文章を示し，それを検討し合うという課題を設定することによって，「揺さぶり」をかけることがある。要約や主題の学習などに多く見られる。共有できるモデルを中心に据えることで，互いの考えを比較しやすく，「関係づけ」の観点も明らかとなる。このように，課題を設定することがそのまま「揺さぶり」に結びつくような方法である。「関係づけ」の観点が明確となるように意図的に書かれたモデルを使うため，論理的対話も成立し易い。

この他，「解釈の違い」が想定される教材では，教材に手を加えるのでなく，自分の解釈で色分けさせるなどの，他者との違いを目に見える形にして意識を向けさせることが課題設定となる場合もある。

③ 発問で揺さぶる

従来行われてきた，教師の発問によって「揺さぶり」をかける方法である。「発問」による「揺さぶり」は，拡散の思考を促す場面や拡散から収斂へと向かう場面，安定した状態を崩す場面など，様々な段階で見られる。

3 国語科における「『独創』の授業」の具体と実践

❶ 低学年 説明文［1時間・授業レベルの例］
単元名：第2学年「おにごっこを思い出しながら読もう！」

学習材『おにごっこ』（光村二下）

① 学習材について

表1 学習材「おにごっこ」内容

	段落	要　点
初め	①	鬼ごっこには，どんな遊び方があり，なぜそうするのか。
中	②	逃げてはいけない所を決める遊び方。
	③	決めた場所・動作で捕まらないと決める遊び方。
	④	捕まった人全員が鬼になる遊び方。
	⑤	④に関して捕まえにくくする工夫。
終わり	⑥	様々な遊び方があって，みんなが楽しめるように工夫されてきた。

学習材の題名は「おにごっこ」である。様々な鬼ごっこの種類が説明されているように想像できるが，そうではない。鬼ごっこに「共通する遊び方」と「理由」について書かれている。

②～④段落には，３つの遊び方と理由が書かれている。⑤段落は④段落の補足説明である。鬼ごっこの種類を紹介するのではなくて，遊び方の共通点を挙げているところがおもしろい。

しかし，こうした説明内容や論理構造は明快だが，２年生の子どもがこれらを納得して読むのは，そう簡単ではない。例えば，３つの遊び方は，なぜ「②→③→④段落」の順序なのか。この意味が分からないと，事柄の順序の意図を読めたと言えない。結論から言えば，「②→③→④ 段落」は，「鬼の立場→逃げる人の立場」という順序である。このことは次の⑥段落のまとめの文からも分かる。

> このように，おにごっこには，さまざまなあそび方があります。おにになった人も，にげる人も，みんなが楽しめるように，くふうされてきたのです。
>
> （傍線は桂による）

つまり，「終わり」のまとめの文は，「おにになった人→にげる人」という「中」の３つの事例の順序に対応して書かれているのである。

本教材では，こうした「問いと答え」「事例と事例」「事例とまとめ」という説明の順序について着目して読めるように指導を工夫することが大切になる。

② 学習のねらい（第２次４時）

○事例とまとめの関係に着目しながら読むことができる。

○主語と述語の関係などを考えながら読むことができる。

③　「揺さぶり」の設定

子ども自らが「事例の順序」や「事例とまとめの関係」を発見できるように，教材にしかけをつくる。

具体的には，前出の⑥段落のまとめの文を，次のようにリライトして提示した。

> にげる人も，おにになった人も，みんなが楽しめるように，くふうされてきたのです。
> （傍線は指導者による）

どの部分が間違いか。間違いは「にげる人も」と「おにになった人も」が入れ替わっているところだ。このまとめの文の間違いを発見するには，「中」の部分に当たる３つの事例の順序に関連して読まねばならない。原文の事例の順序「②→③→④段落」は，「鬼の立場→逃げる人の立場」という順序である。だから「にげる人も→おにになった人も」という言葉の順序は適切ではない。

教材にしかけをつくり，わざと間違いを提示することで，子ども自らが「中」の事例の順序と「終わり」のまとめの文の言葉の順序との論理的な関係に着目して読めるようにした。

④　実際の子どもの様子

授業の前半では，「中」の部分の各事例の間違った要点を提示した。その中で，主語に着目しながら，各事例が「鬼」や「逃げる人」の立場で書かれていることを確認した。そして，授業の後半では，教材のしかけを明らかにして，前出の⑥段落の間違いを取り上げた。「中」の３つの事例が，「終わり」のまとめの順序に対応していることを確認した。次は，ある子が，その授業のまとめとして書いた文章である。

> なぜ⑥はまちがいか。それは，答え①，答え②が書いてある中の主語は，事例No.１がおにです。また，事例No.２と事例No.３はにげる人です。しかし，まとめの⑥だんらくでは，じゅんばんがはんたいになっています。はんたいだと，事例No.２，事例No.３，事例No.１でないとおかしいです。しかも，せつぞく語をかえなくては（指導者補足：いけなく）なります。正しいじゅんばんだと，説明のじゅんばんもまとまります。だから中と終り（ママ）のじゅんばんを同じにしなくてはいけないのです。

私は，こうした表現は独創的な表現だと考える。この子は，まず，「中」に書かれている３つの事例の主語について書いている。事例No.１が鬼，事例No.２・No.３は逃げる人である。次に，その事例の主語の順序から考えると，「終わり」に書かれているまとめの文の言葉の順序が違うことを指摘している。また，その順序だと，「中」の事例は，事例「No.２→No.３→No.１」という順序でないとおかしいとしている。

さらに，そうなると「あそび方の一つに→また→ほかに」という接続語も変えなくてはいけなくなると考えている。最後に，正しい順番だと説明の順番もまとまるので，「中」の事例と「終わり」のまとめの言葉の順序を同じにしなくてはいけない，と締めくくっている。たどたどしいが，この子の思考過程は明快だ。まとめの文の言葉の順序が，「中」の部分の３つの事例の順序とは違っていることを，主語に着目して書いている。２年生の子どもが説明文を読んだ表現としては，十分に独創的な表現だと言える。

これは一例である。詳しい文章や簡単な文章があるが，全員の子どもが論理に着目して自分の言葉を駆使しながらこうした文章を書けた。教材にしかけをつくるという「揺さぶり」が有効に働いて，独創な姿が現れたのではないかと考える。

❷ 高学年 説明文［単元レベルの例］

単元名：第５学年「筆者・丘椎三さんへの手紙」

学習材『日本の子どもたちと世界の子どもたち』

① 学習のねらい

○筆者が伝えたいこと（事実・考えの中心）を正確に，納得して受け取る。

○伝えたいことに自分の意見・感想をもつ。

○伝えたいことの伝え方に自分の意見をもつ。

② 学習の展開と「揺さぶり」の設定

通読した後，３つの大部屋，序論・本論・結論の基本構成を確認。さらに序論と結論の性格を大きく把握する。

序論は段落①～③。性格は「話題の提示」と「問いの投げかけ」。結論は段落⑩⑪，性格は「終わりのまとめ」「問いの答え」「筆者の考え・読者へのメッセージ」の３つを併せもつ。（学習材の構成については表２）

表２ 『日本の子どもたちと世界の子どもたち』の構成

大部屋	小部屋	段落	小部屋の名前
序論		① ② ③	＊性格 ○話題の提示 ○問いの投げかけ
本論	1	④ ⑤	＊食事をとれない 世界の子どもたち
	2	⑥ ⑦	＊学校へ通えない 世界の子どもたち
	3	⑧ ⑨	＊病気で命をなくす 世界の子どもたち
結論		⑩ ⑪	＊○終わりのまとめ ○問いの答え ○筆者の考え

続けて，本論の小部屋（意味段落）の構成を「名前」を考えながら検討した。

1）第１の「揺さぶり」の設定

ここまでの学習で，この説明文の要旨（文章の伝えたい事実の中心，筆者の伝えたい考えの中心）は，ほとんど把握できたと言っていいだろう。

けれども，文章の要旨を正確に受け止めただけでは，説明文の読みは完結しない。

> 筆者・丘さんの「伝えたいこと」は受け取ることができた。では，その「伝え方」の良さと改善点をについて考えてごらん。

子どもたちは，まず，文章の論の展開の仕方について検討する。最初に，その「良さ」を考えた。

・美しい仕組みの文章であること。

・接続語がうまく使われていること。

・日本と世界を比較し説明していること。

これらの点を押さえた後に，本論の小部屋の並べ方について，意見を述べ合う。

本文は，「食事」—「学校」—「病気」の順に小部屋が並んでいる。この本論の展開の仕方について，子どもたちは考えた。

彼らがこだわったのは，対象である読者「日本の子どもたち」，つまり自分にとって身近なものから小部屋を並べるべきということ。したがって，「食事」よりも「学校」から始めた方がいいという意見が出た。

この考えは，さらに，「食事」と「病気」がいずれも命に関わる重要なことだから，続けて並べるべきだと補強される。食事をとれないことが原因で病気になり，その病気を治せず，死に至るという論の展開の流れである。

もう１点，この文章の論の展開の仕方において，検討すべき重要な１文がある。⑦段落の「その大きな理由は，まずしいことです」。子どもたちも，この「まずしさ」が「学校」だけに関わる理由ではなく，「食事」と「病気」においても，大きな理由であることを指摘した。そして，だとすれば，３つの小部屋全体をくくるように，「まずしさ」について述べるべきだと，子どもたちはまとめている。

2）第2の「揺さぶり」の設定

> 受け取った丘さんの「メッセージ」に対して，自分の考え・意見をもち，返事を書こう。

これまでの学習をもとに，筆者・丘さんのメッセージを受け，日本の子どもたちの一人として意見をもち，返事を書く活動を組んだ。子どもたちがこだわったのは，「幸せ」という言葉と，「子どもだから何もできない」という丘さんの意見である。

> **丘さんへの返事（抜粋）**
>
> 最後の11段落に「日本の子どもたちは幸せです。この国に生まれたことに感謝して……」というメッセージがあります。
>
> 私も賛成です。今の日本の子どもたちは「生きていける」という面ではとても幸せです。

だから，この国に生んでくれた両親に感謝します。
けれども本当に日本の子どもたちは幸せなのでしょうか。友達関係での悩み，だれから来たのか分からない悪口のメール。１年間に自殺者は約３万人。こんな世の中に生きていて，本当に日本の子どもたち全員が幸せだと言えるのでしょうか。確かに，日本には私のように幸せを感じる子どもたちはたくさんいます。世界の子どもたちは，それに比べて「幸せでない」と言えるかもしれません。
しかし，貧しくても笑顔で精一杯生きようとする子どもたちがいるでしょう。自分の幸せは，自分で決めるものです。子どもの私がこんなことを言うのは生意気ですが，「幸せ」の言葉の意味を考えて使った方がいいと思いました。もう１つ気になったのが「今は子どもだから何もできませんが…」という一文です。
子どもでも募金ができるし，私たちのようにユニセフ活動をすることができます。
だから，せめて「子どもでもできることを考え，努力してみましょう」というようにしたらどうでしょう。

③　学習材と筆者・丘椎三について

この説明文「日本の子どもたちと世界の子どもたち」を初めて，教室の５年生の子どもたちに配布したとき，次のように話した。

この文章の筆者・丘さんは，よく知っている私の友達です。丘さんは，日本の子どもたちに伝えたくてたまらないことがあって，この説明文を書きました。
ただ，丘さんには不安がある。この文章を日本の子どもたちがどのように受け取ってくれるかという不安です。そこで，日本の子どもたちである，みんなに読んでもらい，感想・意見をもらいたいというのです。
一生懸命に読み，考えて，丘さんのこのお願いに応えてあげよう。

PISA型読解力育成の風潮のもと，全国各地で「批評読み・批判読み」の実践が展開されている。書いてあることを正確に読み取ることに終始する読解学習を越えて，読みの主体を学習者である子どもに置く説明文の学びの方向性に，私は深く首肯する。

説明文の読みの学びにおいて，目指すべき「独創」の姿とは，自らの読みをもとうと表現そのものにこだわり続け，筆者と対話し続ける子どもの姿ととらえる。それは，受動的な読み手から主体的な読み手への変容にほかならない。

ただ，説明文の読みでどうしても重視したいのは，筆者への「敬意」である。読者である自分に伝えようとして精一杯の工夫をして書いた筆者の思いを否定するような「批評読み・批判読み」を認めない。

最後に。丘椎三は「おかしいぞう」と読む。子どもたちに説明文を読むことの意義を教えるために，授業者がこの文章を書いた。

❸ 中学年　文学

単元名：第４学年「『白いぼうし』を読もう」

学習材　『白いぼうし』（学校図書4年上）

①　学習のねらい

○作品にしかけられた伏線を見つけ，構成の工夫をとらえる。

○登場人物の人柄や心情の変化を読み取る。

○作品について自分の感想をもつ。

②　学習の展開と「揺さぶり」の設定

1）単元レベルで「起承転結」を設定する

子どもたちは，単元の導入の時間に，冒頭場面を読み取り，その場面の様子を絵に描き表している。その時間で学んだことは，「視点」の問題である。タクシーの中を描くのか，外から見たタクシーの絵を描くのかでは，視点の位置が異なる。また，何が見えていて，何が見えていないかも学習した。車に乗り込んだ紳士が「これは，レモンのにおいですか」と尋ねていることから，客席（後部座席）に乗車している紳士からは，夏みかんは見えない位置に置かれていることも読み取った。

この絵は，本時にも登場するはずのものとして描かせている。単元の中で，本時は「転」に位置する。ここでの「揺さぶり」によって，単元の導入で描いた絵が，また重要な意味をもって再登場するはずだ。つまりそれは，作品そのものの設定に関わる。場面に描かれている季節，登場人物の服装などが，再確認される必要が出てこよう。

2）１時間の授業に起承転結をつくる

授業の導入場面，すなわち「起」の場面では，教師は意図的混沌を設定し，子どもに問題意識や課題意識をもたせる。ここでの意図的混沌は，この後の「転」や「結」につながるものであることが大切だ。

「承」の場面は，「起」の問題や課題の解決に向けた子どもの試行錯誤の場である。子どもは，比較や類推の思考を駆使して，ある程度の解決に向かいかける。

そこで「転」での「揺さぶり」をかける。ここでの関係づけの思考は「因果関係」，すなわち「なぜ」という問いかけが有効ではないかと考えている。子どもは，あらためてこの「揺さぶり」への解決を見いだそうと，思考活動を展開していく。

ここでの思考活動の展開の様相を，教師が評価していくことが大切である。よって，この時の思考活動は，単に頭で考えさせるのではなく，ノートやワークシートに書かせるなど，子どもの思考の道筋が見て取れる活動を促すことが必要となる。

「なぜ」という問いかけに対して，子どもは「なぜなら……」「だって……だから」というように，その理由を考えようとする。この「なぜ」と「なぜなら」の間に，筋の通った論理が見えてくるはずである。授業の中で，子どもが自分の論理を出し合うこと，子どもによって示された論理の整合性を子どもたち同士が吟味していくことが，「『独創』の学びの姿」である。ここで大切なのは，「起」の授業場面が，「転」とつながり，「結」とつながって見えることである。「揺さぶり」が，他の授業場面と切り離されてしまっていると，子どもの思考に筋が通らない。

授業の導入の段階で，この作品に登場する主な人物を確認する。実は，本時まではこの問いかけをしていない。子どもたちは，当然のように「松井さん・お客の紳士・女の子」を挙げるであろう。男の子も主な人物の中に含めるかもしれない。お母さんは，「主な」の中には入れないだろう。問題は帽子の中にいた「ちょうちょ」である。主な人物の中に入れるか入れないか，中には「帽子の中のちょうちょは，女の子かもしれない」と読んでいる子どももいる。ここで，まず第１段階の混沌が生じるはずである。

その混沌を受けて，「承」の学習に入る。「もしも，女の子がちょうちょだったら……。」という観点で，作品の中から伏線を見つけ出す読みである。作品中には，車にいつの間にか乗り込んだ女の子が，もしかしたら帽子から逃げたちょうちょなのではないかと思わせる叙述がちりばめられている。だからこそ，読者は，女の子とちょうちょを重ねて読もうとする。この作品にちりばめられた「しかけ」を，「伏線」として見つけ出していく。「伏線」を見つけ出す読みは，客観的な読解である。

ある程度見つけられたら，これが読み手にしかけられたものであることを押さえ，「転」となる「揺さぶり」をかける。

【教師の問いかけ】「せっかくにげたちょうちょは，なぜ再び松井さんの車にもどってきたのか」

この問いには，様々な反応が考えられる。

・ちょうとして飛んでいったが，見慣れない町に疲れてもどってきた。
・車に乗せてもらった方が楽だから？
・松井さんがいい人だと思ったから。
・松井さんのやさしい人柄を感じているから。
・夏みかんの香りに誘われてもどってきたのでは？

子どもの解釈としては，やはり松井さんの人柄とつなげて読んでほしいところである。また，この話し合いの中で，「どうやって車にもどってきたのか」ということも併せて話題になるであろう。この考えが，単元の冒頭に描いた車の絵につながる。作品は，しっかりとつながりをもって構成されているのだ。紳士の場面も，女の子の場面と切り離して考えることはできない。作品全体のつながりが見えることが，本時の「結」である。

③　実際の子どもの様子

1）伏線を探す

「もしも，女の子がちょうだとしたら」という設定で，「ちょうだから，このようなことをしている，こんなことを言っている」という伏線を探した。それは例えば，次のような叙述である。

- 「菜の花橋ってあるかしら」
- 「道にまよったの。行っても行っても四角い建物ばかりなんだもん」
- 「おじちゃん，早く行ってちょうだい」
- 「よかったね」「よかったよ」

子どもたちは，それぞれの叙述に，女の子がちょうだからこのようなことを言っているのだという根拠を示しながら発言した。読み手に，「女の子は，実はちょうちょではないか」と感じさせるのは，作品に，そう読ませるだけの「しかけ（伏線）」がちりばめられているからである。この伏線を見つけ出す読み方が，作品を丸ごと，客観性をもって読む一つの方法となる。

2）なぜ松井さんのもとにもどってきたのか

この「なぜ」が，この作品の主題につながる。子どもたちは，次のように読んだ。

- 夏のような暑い日だから，ちょうで飛んで行ったけれど疲れてしまった。

これは，作品の冒頭につながる重要な指摘である。作品の冒頭場面で，わざわざ「六月のはじめ・いきなり夏が始まったかのような暑い日」という叙述がある。その場面と関連させた解釈だ。作品は，すべてが計算され，つながりをもっている。ここで，子どもたちに確認した。

「松井さんの車の窓は開いていたか？」

単元の最初の段階で，子どもたちは冒頭の場面について絵を描いている。松井さんと，お客の紳士をどのような角度から描くか，視点を考えながら絵にした。このときの絵をここであらためて使う。単元における起承転結の「起」と「転」をつないだことになる。

また，別の意見では，

- 松井さんがやさしいから，助けてくれると思った。

疲れただけなら，どのタクシーでもいいことになる。松井さんの車だからこそ，戻ってきたのだと解釈したい。

教材のしかけに応じて，単元レベルでの「揺さぶり」を設定する。単元の学習の流れにも起承転結を意識し，その中でも特に「転」の１時間に授業単位の「揺さぶり」を考える。こうした教師の意図的な働きかけによって，子どもの読みが深まり，子ども一人一人の中に作品全体に筋の通った解釈をもたせることができる。

4 成果と課題

(1) 成　果

「読むこと」における「『独創』の教育」について，以下のことが明らかとなった。

○拡散・収斂型授業が適している。

「『独創』の教育」の授業づくりには，「揺さぶり」を仕組むことが不可欠である。それにより，「拡散→収斂」あるいは「収斂→拡散」という場が生まれる。授業構成としては，「拡散→収斂→拡散」という「拡散・収斂型授業」が適している。

○「揺さぶり」の３つのタイプが有効である。

「揺さぶり」の方法としては，「学習材」「課題設定」「発問」の３つのタイプの有効性が認められた。

○「読みの段階」と「揺さぶり」のかけ方により効果を発揮する。

「読み」には３つの段階がある。①書かれている事柄や構成を正しく読み取る。②述べ方も踏まえて，筆者（作者）の考えを読む。③筆者（作者）の考えや述べ方などに対して，自分なりの考えを表現する。

より高次の段階にウエイトをおいた授業ほど，「拡散→収斂」や「収斂→拡散」という場面での「揺さぶり」が効果を発揮する。これは発達段階とも対応する。

○「比較」の思考が仕組まれていることが重要である。

いずれの実践にも，「比較」の思考が位置づけられているという共通性が認められた。モデルと比べる，事例部分と結論部分とを比べる，既習事項と比べる，他者と自分の考えを比べるなど，多様な「比較」の思考が仕組まれている。共通点や相違点を指摘するだけでなく，「小さな差異」に気付かせることが，考えを広げたり，深めたりする。「揺さぶり」から解決までの道筋で，何をどのように「比較」させるかがポイントになる。「比較」という観点から授業をつくることも可能である。

○「意図的混沌の場」や「収斂」させるために「評価」する。

これまで「評価」というと，単元末の作品や到達度評価に傾斜しがちであった。しかし「『独創』の教育」では，「意図的混沌の場づくり」において，どの子どもの発言を取り上げるかといった「評価」から，「収斂」させるための子ども同士の相互評価など，「評価」の新たな価値を見いだすことができた。

(2) 課　題

本研究では，「読むこと」の領域に絞って「『独創』の教育」の指導法について追究してきた。今後，他の領域についても検証が必要である。また，思考認識と発達段階，言葉の力との関係性について，研究を続ける価値と必要がある。

社会科

2 社会科の「『独創』の授業」

1 社会科の「『独創』の授業」像の構築

(1) 社会科における，具現化したい「独創」の学びの姿

社会科は，社会の大きな変化に対応し，子ども一人一人が問題解決をしながら新しい時代を生きていく力を育てる教科である。そのためには，社会に力強く関わり，独自の考えをしっかりもつ子どもを育てることが大切である。もちろん，それは，単に知識を詰め込んだだけの子どもではない。技能だけが誰よりも優れている子どもでもない。それは，知識を知恵として活用し，新しい価値を生み出す子どもである。困難な問題に対して責任ある独自の考えをもち，その解決に立ち向かう子どもである。このような子どもこそ，社会科で育てたい「独創」を支える資質・能力をもった子どもである。その具体は次の通りである。

「よりよい社会を望み，新たな，責任ある独自の考えをもつ子ども」

社会科における「独創」の学びの姿

○社会の変化に対応し，主体的に行動できるとともに，問題や課題に対して真剣に取り組める子ども。

○自分らしく様々な情報を新たに結びつけたり，それらの関係性を再構築したりしながら独自の考え（1つの事実に対して多様な見方や考え方）を生み出す子ども。

○自分の考えに責任をもち，さらに高めることを望み，社会生活に進んで参画しようとする子ども。

○「自分らしさ」を自覚できるとともに，仲間の自分と違う「その人らしさ」を素直に「いいな」と肯定する子ども。

(2) 社会科の「『独創』の授業」を支える条件

社会科の授業の中で，子どもが独自の考えを生み出すためには，子どもが夢中になって取り組める教材や活動が必要である。それは，子どもが問題解決に向かってイメージをふくらませ，様々な発想を生み出すことにつながるからである。

また，次の４点を社会科の「『独創』の授業」を支える条件であると考えた。これらは，社会科の授業における教師の「基礎・基本」でもある。

・多様な考えを生み出そうとする意欲や態度を丸ごと育てる。
・個としての創造性が発揮できるようにする。
・子どもが多様な考えを表出あるいは表現できる時間と空間を保証する。
・子どもが肯定的に「いいな」と認め合えるような集団を育てる。

一方，子どもに身に付けたい「基礎・基本」は，単なる量としての知識や技能のことでなく，知恵，活用できる力，価値観を含めたものであり，子どもが「問い」を解決するための思考方法や学び方である。つまり，単に知識の習得を指すのではない。これらは，日々の授業の中で繰り返され，磨かれてこそ本物の力となる。

社会科では，「比べる」「関連づける」「統合する」などの思考方法や，事実や資料の読み取り方，基盤となる知識（発達段階に応じた社会的認識）などが挙げられる。

ただし，子どもの根底に「よりよいものを求め生きていこう」とする思いや願い，「自分ならば……」「自分だったら……」という，目標に向かって解決するためにくじけない心や意欲をしっかり育てておくことが大切である。

(3) 社会科の「『独創』の授業」の核となる指導法

① 意図的「混沌」の場を設定する

社会科における「混沌」の場は，解決すべき問い（学習問題）に対して，試行錯誤の場とも言える。だから，社会科の授業では，何かを意思決定，選択する場面や，ある答えに対する理由や根拠を生み出す場面にこの場を位置づけるようにしたい。

② 「関係づけ」の認識方法の育成

社会科における「独創」を支える資質・能力とは，「社会的事象を新たに結びつけたり，それらの関係性を変化させたりすること」ととらえることができる。それは，教材に対する知的好奇心や切実感から生まれる発想の転換と考えたからである。また，社会科において「関係づけ」の認識方法は，あらゆる授業場面で活用されている。しかし，「独創」を支える資質・能力を育むためには，自分自身の固有な事実・事象との関係づけだけではなく，新たな価値と関係づけられるようにしたい。

③ 指導法の核と授業の工夫

① 「なぜ」「どうして」「どっち」などのように根拠や立場を尋ねる発問を工夫する。
② 答えが分からない，答えが1つでないように様々なとらえ方ができる，つまり様々な「関係づけ」ができる資料，社会的事象を工夫する。
③ ①と②を効果的に組み合わせて，「自分なら，こう考える」「分からないけど，解決したい」というような切実感や知的好奇心がもてる学習問題や活動を工夫する。
④ 様々な見方や考え方を認め合えるような教師や仲間との関わりを工夫する。

「答えがない」「立場が違う」「価値判断を求める」「揺さぶる」「振り返る」「既知から未知へ」「知ってるつもり」などの教材を取り上げ，子どもの知的好奇心や切実感を引き出すような場の設定を工夫するようにしたい。その場合，社会科では「問い」と「資料（事象）」が「混沌」を生み出す鍵になる。

(4) 社会科の「『独創』の授業」における評価

授業の中では，子どもの「独創」は，教師（仲間）が子どもを認めることによって表出する。すると，教師の役割は，授業の中から，子どものキラリと輝く「独創」をいかに取り上げるかが重要になる。社会科の授業では，次のような子どもの学びを見取り，子どもの「独創」を評価するようにしたい。

「独創」の学びを見取る視点

① 根拠がある自分の考えを創り出しているか。
② 「自分らしい」多様な見方・考え方を生み出しているか。
③ その子なりの考え方の傾向（価値，こだわり）を表出しているか。
④ その子なりの関わり方（生き方）をしているか。

2 社会科の「『独創』の授業」像の提案

社会科における「『独創』の授業」像を次のように考えた。

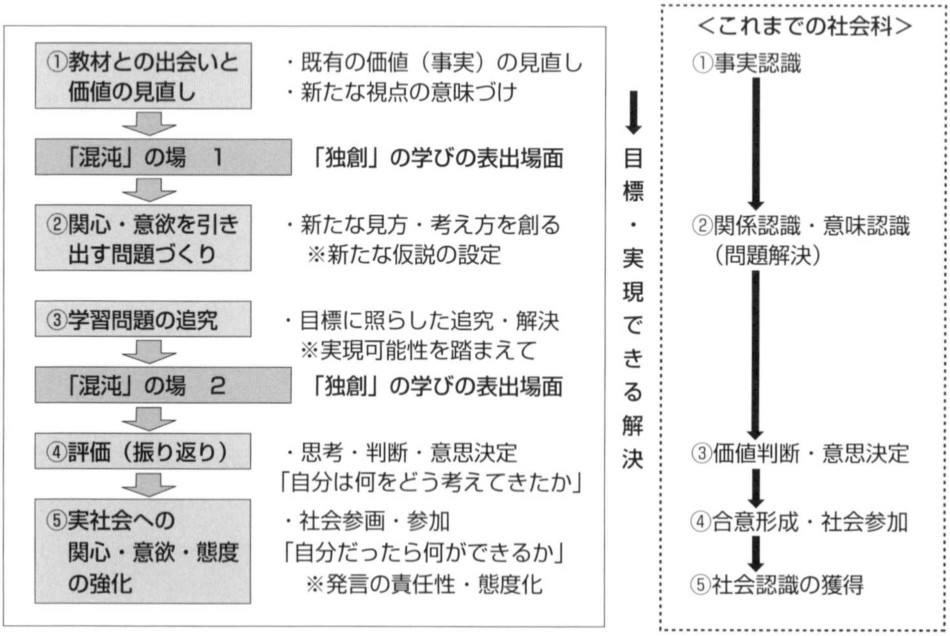

図1 社会科の「『独創』の授業」像

3 社会科における「『独創』の授業」の具体と実践

❶単元レベルの「独創」の授業例
単元名：第6学年「源頼朝と義経」

歴史学習において，価値判断力を育てるにはどのような指導をしたらよいか。

① 研究主題について

頼朝と義経は子どもに人気のある歴史上の人物である。特に義経は弁慶とともに知名度が高く，牛若丸という名前を聞いたことがある子も意外と多い。幼少のころに鞍馬寺に預けられ，親と引き離された苦労や，その後の源平合戦で大活躍したにも関わらず認められず頼朝により失脚させられた悲劇の最期など波乱万丈の人生のゆえに人気があるのだろう。薄命な英雄として多くの子どもに愛されている。どちらかというと，鎌倉幕府をつくった源頼朝より人気があるようだ。子どもも，判官贔屓なのだろうか。

本単元では，6年生社会科に新しく入ってきた裁判員制度を取り入れて，話し合いを深めた。本実践では，歴史学習において裁判員制度を学ぶことにした。そのことにより，頼朝や義経に対する考えを話し合うことで，武士の世の中がつくられる過程を理解することができるし，話し合いを模擬裁判的に行うことにより，裁判員制度の学習もできる。また，裁判官を説得するためという話し合いの必要性も出る。裁判員は自分の価値判断をもとに有罪無罪を決める。まさに，裁判員制度の要は自分で判断をすることである。

そこで，本時では「源頼朝が義経を殺させたことは有罪か無罪か」を判決する模擬裁判を行い，裁判官と裁判員の協議により判決を下すまでを話し合った。

② 単元のねらい

○源平の戦いの様子や，源頼朝が全国に守護・地頭を設置し，鎌倉に幕府を開いたことについて調べ，武士による政治が始まったことを理解する。

○源頼朝と源義経の兄弟の関係について，どちらが好きか，自分の価値判断にこだわり学習を進めていく中で，鎌倉時代に生きた武将の生き方について考える。

③ 単元の指導計画（12時間扱い）

第1次 源平合戦の様子を調べ，鎌倉幕府が成立した様子を理解する。……2時間

第2次 模擬裁判を行い「源頼朝が源義経を殺させたことは有罪か無罪か」考える。……4時間

第3次 鎌倉幕府の仕組みを理解する。……3時間

第4次 元との戦いを理解する。……3時間

④ 模擬裁判の様子（第２次　1/4時間目）

①　議題について確認する

「源頼朝が義経を殺させたことは有罪か」

②　検察側・弁護側に分かれて話し合う

○有罪（検察側・義経支持派）（写真１）

子どもが考えた理由は次の４点。順番に，根拠を示しながら有罪とする理由を説明する。

写真１　検察側

- 源平合戦で大活躍し，平氏を滅ぼしたから。
- 血を分けた兄弟だから。
- 周りにいる人たちが悪かった。
- 腰越状で謝っているから。

写真２　弁護側

○無罪（弁護側・頼朝派）（写真２）

- 許可を得ずに官位である検非違使の位をもらった。
- 後白河法皇が義経を味方につけ，頼朝を倒そうとした。
- 頼朝が武士の世の中を目指そうとしていたのに義経が朝廷側につきじゃまだったから。
- 三種の神器を持ち帰るように命令されていたのに２つしか持ち帰らなかった。

③　質問し合う

○検察側から弁護側への質問

検察側	弁護側
・義経は勝手に官位をもらってしまったけど，頼朝に相談するべきだったのではないですか。自分さえよければいいと思っている自分勝手な行動ではないですか。 →	・京都のことは任されていた。頼朝は鎌倉にずうっといて，京都にも来ない。
・武士の世の中をつくる時に，朝廷と仲良くしていたのでは，うまくいくはずがない。 →	・位をくれるというのだから断る必要はない。

○弁護側から検察側への質問

検察側	弁護側
・頼朝一人だけでなく，みんなが力を合わせたから平氏を倒すことができた。	← ・頼朝は戦いもしていないのに，もっと義経を大切にすべきだ。
・よく読むと，自分のがんばったことを書いてあるけど，謝っているところは見つからない。	← ・腰越状で今までのことを反省したのではないか。

④　裁判員からの質問

話し合い後，裁判員から質問をする。

- **検察側に質問します。腰越状に謝罪の文章がないと言いましたが，それは本当ですか。**
- **弁護側に質問します。後白河法皇が一番悪いと言いましたが，それはなぜですか。**

写真３　相談する裁判員

⑤　裁判員は別室で相談する（写真３）

裁判官３人と裁判員６人は今まで話を聞き，有罪か無罪か決める話し合いを行う。裁判員は検察側と弁護側の意見は，客観的に見てどちらの方が説得力があったか，冷静に振り返り判決をしなくてはならない。

裁判官が司会になり裁判員一人一人に彼らの下した判決の結果とその理由を聞く。

裁判官と裁判員合計９人の判決をもとに，有罪か無罪か評決する。

写真４　評決

この実践では，裁判員制度を模して，裁判官３名裁判員６名を決めたが，その差は司会進行をするか否かしか差はない。

⑥　判決を言い渡す（写真４）

裁判長が，話し合った結果を報告する。その際に，理由も述べる。

今回は，「源頼朝が義経を殺させたのは，無罪である」との評決が下された。

⑦　感想をまとめる

裁判官と裁判員，合計９名で構成する裁判団の評決結果を聞いて，自分の考えをノートに記入させる。

⑤　実践の成果と課題

1）成　果

○裁判員制度を取り入れたことで

①　裁判員制度の具体的な仕組みを理解することができた。例えば，裁判官３名，裁判員６名で裁判にあたること。大人になれば誰でも裁判員になる可能性のあることなどを学んだ。

②　裁判する体験をすることができた。裁判員制度では法律の知識のない一般市民がその人の価値に従って有罪か無罪か決める制度である。裁判員は，その場で与えられた情報を手がかりに，自分の良心に従って判断する。今回は，鎌倉時代の限られた情報や知識をもとに，検察側の意見や弁護側の意見を踏まえて，自分で有罪・無

罪を決める体験をした。限られた知識をもとに，検察側，弁護側の意見を聞いて判断する難しさと責任を感じることができた。

③ 裁判団を中央に，右側が検察側，左側が弁護側として席を設けて臨場感を出したので，その気になって一生懸命に発言する姿が見られた。

④ 話し合いの結果を裁判団が評価してくれるので，相手を説得しようとする意欲が出る。さらに，自分の考えを客観的に見直す機会になる。

○「源頼朝が義経を殺させたことは有罪か無罪か」問うことで

① 有罪か無罪か問われて子どもは自分の考えを表明しなくてはいけない立場に立たされ，真剣に考えるようになった。事実を知らなくては答えられないので，源頼朝や源義経の生きざまを知りたくなる。

② 考えが2つに分かれるので，自分とは違う考えの根拠を聞きたくなる。そのことで，多面的にものを見ることができるようになる。例えば，義経の書いた腰越状を謝罪の文書としてとらえる見方と，義経自身の功績が書いてあるだけで謝罪の文章になっていないというとらえ方があることに気付くことができた。

2）課　題

○歴史上の人物を有罪，無罪と決めてしまうことの問題

歴史上の人物について，その当時の様子や価値観が分からないうちに，今の子どもの価値観でもって有罪か無罪を学級で判決を出すことについては，歴史上の人物の評価を固定的にしかも歪んで理解してしまう危険性がある。今の時点で考えると，自分はこのように思うということであり，決して社会全体の評価ということではないという点をよく確認する必要がある。

❷ 1時間の授業レベルの「独創」の授業例

単元名：第5学年「食料生産」

福島第1原発事故の発生によって起きた風評被害

「『独創』の授業」は，過去の経験を基盤として，経験そのものや経験から得られた考えの要素を分析し，再構成して，新しい考えをつくりだす授業である。この授業過程は，とらえた社会事象の構造を一度解体し，再構成して新しい考えを創り出す過程である。

５年生の「食料生産」の単元で，福島第１原発事故の発生によって起きた風評被害について話し合った事例を取り上げて示すことにする。

論点は，「政府が安全の基準値を示して福島県産の農産物や水産物の安全性を示そうとしているが，みんなは，この情報を信じるのか？　信じないのか？」とした。

平成23年６月の時点では，消費者の行動が示していたように，政府の安全基準に対する不信感から，福島県産の農水産物に対する買い控えが起こっていた。この影響によって，子どもたちの意識も福島県産の農水産物に対する不安感が根付いていた。

そのため，授業開始の時点では，「福島県産の農水産物に対する風評被害も仕方がない」とする子どもの意見が多かった。

①　社会事象を分析し，事実をつかむ

写真５

そこで，「今，起きていることを１つ１つの要素や成分に分け，その組み立てを考えよう」と呼びかけて，分析してみることにした。その結果，子どもたちは３つの問題に気付いていった。

１つ目は，「政府の問題」である。

政府が発信した情報には，「福島第１原発事故が起きた時に正しい情報をきちんと国民へ説明していなかったこと」や「いろいろな専門的な単位や複雑な言葉が出てきてよく分からなかったこと」「避難命令や事故処理について，考えがふらふらしていること」などがあるため，国民はみんな「よく分からない」と思い，政府の情報を信じていない。そのため，自分を守るために福島県産の農水産物を悪いものだと思ってしまっている。という考えである。

２つ目は，「福島第１原発事故による放射能汚染の問題」である。この問題の中核には，「放射能汚染」が，目に見えないという問題がある。放射線や放射線量といったものに対する理解もできていないことや，人体に対する影響も定まっていないことから，消費者の迷いや不安が生まれていること。したがって，「よく分からない」ために不安が大きくなっている，という考えである。

３つ目は，「信憑性のないうわさの問題」である。

「よく分からない」「何を信じてよいか分からない」ということで，分かりやすい情報や賛成しやすい情報を，インターネットやツイッターで探して，広めてしまう。「よく分からない」ので，その意見や考えが本当に正しいのか，間違っているのかを確かめることができない。そこで，結局，よく分からないものは買わないという自己防衛の方向へ向かってしまう，という考えである。

②　事実から課題をつかむ

子どもたちは，風評被害が起きている原因を分析することで，学習課題をつかんだ。「風評被害の問題を考えてどんなことを思いましたか」と問うと，次のような発言が出てきた。

> A　自分が育てた野菜を食べてくれなかったら悲しくなります。反対に，自分が育てた野菜を食べてくれたらうれしくなると思います。福島県の人たちがかわいそうなので，食べてあげたいけれど，大丈夫かどうか分からないので，迷ってしまいます。

> B　政府の情報もうわさも，正しいのかどうかが分からないことが一番の問題だと思います。信じることができるちゃんとした情報を誰かに出してもらいたいです。一番よいのは，政府がちゃんと正しいことを言えばよいのだと思います。

> C　政府の情報も放射能のことも，うわさのことも，みんな，「分からない」ことが原因で，解決できないでいると思います。だから，みんなでしっかりと放射能のことを勉強すればよいと思います。

> D　ぼくは，「分からないこと」が問題ではなくて，政府が責任をもって正しい情報を知らせないことが問題だと思います。政府がしっかりすれば福島第１原発事故の不安やうわさを信じる人がなくなると思います。
>
> 　何を信じたらよいのかが分からないから心配になるので，ちゃんと政府の言っていることが正しいと分かれば，心配がなくなると思います。

③　再構想する＝「『独創』の学び」を創る

（図1～3参照。※○や□の中が新しく加わった要素である。）

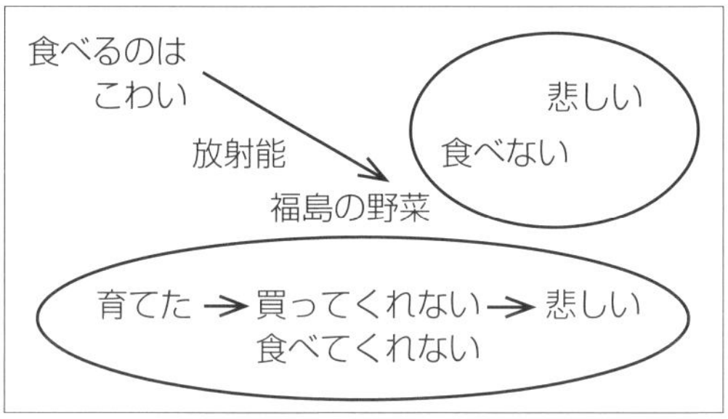

図１　Aの変化

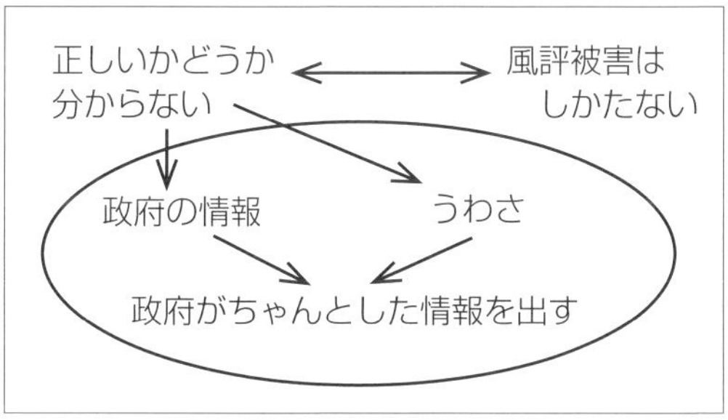

図２　Bの変化

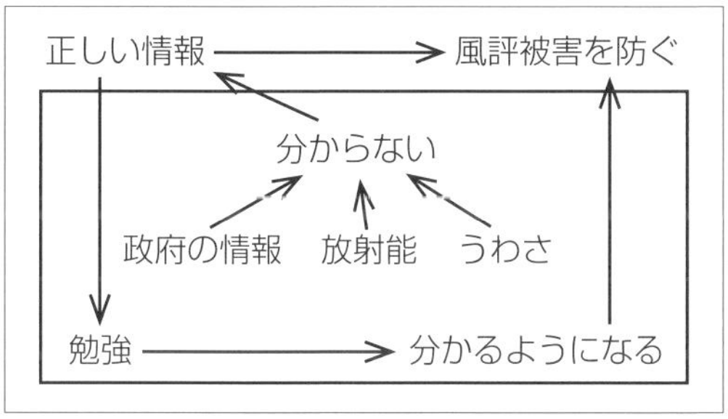

図３　Cの変化

Aの発言は，自分の経験や今までの経験から考えた福島県の生産者に対する思いをもとに新たな考えをつくっていると言える。この子どもは，授業開始時には，少しでも放射能汚染の可能性があるものは食べたくないと言っていたが，様々な情報を得ることによって，生産者の立場にも着眼点を置いて考えることができるようになったのである。

Bは，みんなが迷ったり困ったりしている原因を「よく分からない」という共通の要素でまとめようとしている。この子どもは，授業開始時では，風評被害は仕方がないと考えていたが，授業を通して風評被害の原因を分析した結果，風評被害を生んでいる原因には，「分からない」という要素が共通に存在していることに気付いたのである。

Cは，Bと同様に，「分からない」という共通の要素で問題点をまとめようとしている。そして，「分からない」という要素に目を向け，「分かるようになれば解決する」と考えるようになった。この子どもは，授業開始時では，正しい情報を出せれば風評被害は防ぐことができると考えていたが，原因を分析し，話し合う中で，共通する要素に気付き，共通する要素の問題を解決するにはどのようにすればよいかを考えるようになったのである。

④　１時間の授業レベルの「『独創』の授業」像

ここに示した４人の子どもたちは，過去の経験を基盤として，経験そのものや経験から得られた考えの要素を分析し，再構成して，新しい考えをつくりだしたことがはっきりと表れている。子どもたちは，新しい知識や経験を取り入れながら，常に新しい自分を創りながら成長している。その機会をつくり，再構成する力を育てる学習過程が，「『独創』の授業」であると考える。

❸発達段階（中・高学年）を考慮した「独創」の授業例
単元名：中学年「あいさつはレジの人の仕事か？」
単元名：高学年「東京オリンピックの開催」（歴史）

社会科部の研究の過程において，授業（学習過程）の中で「独創性」を育むために次の４項目を導き出した。

① 具体的な事実を追究させることで，多様な見方・考え方を引き出すようにする。
② 自他の考え方の違いを明確にするために，選択場面を取り入れるようにする。
③ 事実を確認し，多様な考えを解釈した後に，独自の価値判断ができるようにする。
④ 多様な価値判断を認め，子どもの考えの責任性を問い続けながら問題解決を行うようにする。（「２年次紀要」p35）

これらは，低・高学年を問わず，社会科の授業を通した意思決定を育むための基底条件でもある。社会科における「『独創』の授業」づくりは，具体的な事実を子どもの立場から追究させることで育まれていく。

① 中学年における「『独創』の授業」像

中学年の子ども（特に３年生）には，話し合いを通した論理的な思考だけで授業を進めることは難しい。体験的な活動や見学，インタビュー，新聞作りやお話や紙芝居作りといった活動を取り入れながら，自分の考えを構築していくことが大切な要素となる。それらの活動の過程で，新たな発見に気付き，自らの着想を生かした「独創』の学びの姿が生まれてくる。ここでは，**《創造性＝体験×意欲》**という式が成立する。

○第３学年「あいさつはレジの人の仕事か？」：スーパーマーケットで働く人々

３年「スーパーマーケットで働く人々」の授業の中で，スーパーのレジで働く人の仕事を取り上げた。簡単なレジの場面を再現し，レジの係とお客に分かれてレジの人の仕事を体験させる（写真６）。

写真６ スーパーのレジ係とお客に扮する

まず，最初に教師がレジ係の人に扮して「意図的混沌の場面」を設定する。そこでは，一礼や挨拶をせず，お客が持ってきた商品を買い物かごに乱雑に入れ替える。釣り銭も挨拶せずに手渡しして作業を終える。

教師の一連の行動に，子どもたちは一斉にだめ出しをする。「挨拶がない」「お客に失礼」「品物を乱暴に扱いすぎる」「店の評判が悪くなる」「もう来たくなくなる」「時間がかかりすぎ」……等々。散々である。

そこで，教師に代わって子どもたちにレジの係の仕事をさせるのである。「いらっしゃいませ（一礼）」から始まって商品を買い物かごに移し替え，レジ袋を入れて釣り銭を渡し，「ありがとうございました」までの活動を子どもに任せてさせる。子どもの動きは，教師の欠点を直そうとして丁寧に演じる。そこで，この応対の仕方を話し合わせる。教師よりは良いものの，時間は思った以上にかかりすぎる。体験活動を通して，「短い時間ですませる」という新たな問題が生じたのである。

次に，実際にレジで働く人のビデオを見て，どのようにしているのかを観察させる。子どもたちが２分かかった作業を，丁寧にしかも手際よく47秒で済ませてしまう。

このプロの仕事の仕方に驚嘆する。こういった疑似体験を通し，スーパーマーケットの見学時点では，働く人の気遣いや商品への配慮など，気がつかなかった点を新たに発見するのである。

それと同時に，挨拶の見方も考え直す。

「欧米では挨拶はしない。無駄と考えているみたいだけれど，日本も時間を短くするためには，挨拶はなくてもよいのではないか」と問う。

「挨拶は礼儀だから必要」「挨拶がないと店の評判が悪くなる」「次に来たくなくなる」「店の人の笑顔も大切」。子どもたちは，レジ係での挨拶の必要性を各自で価値判断を下す。

中学年における「『独創』の授業」は，このような体験活動を通した具体的な事例に焦点を当てて考えさせることを通して，各自の考え方として具体的に生じてくる。

⑵　高学年における「『独創』の授業」

高学年になると，直接体験というよりも，むしろ写真や統計資料といった間接資料を読み取り，事実を客観的にとらえ，論理的に思考・判断することが授業の中心となる。

写真や統計資料などの間接資料は，比較・対比してとらえさせることで理解を深めることが可能となる。２つの資料を比較することで，「なぜそうなったのか」といった因果関係をとらえ，さらに「この後はどうなるのだろうか」「このままでいいのだろうか」といった未来志向の考え方をとらえさせていきたい。この未来指向性の中に，子どもの「独創性』が表れてくる。しかし，それは単なる空想の産物であってはならない。事実をとらえ，自他の考えを吟味した上で，自分なりの考えを創り上げていくのである。

とはいえ，まだ小学生である。思い込みや勘違いなども多い。ここでも，具体的な事実や事例を追究させる中で，既有知識や体験を生かした「独創」が育まれていくということを忘れてはならない。そこで，集団学習を通して自分の考え（論理）を提案し，他の子どもとの相違を理解し合い，自らの考えを深めていく授業の場が必要となる。言い換えるならば，各自の価値判断・意思決定を通して「独創」の学びが成立していくと考えたい。

○第６学年「東京オリンピックの開催」（歴史）

歴史学習では，史実を多様な立場に立ってできるだけ客観的にとらえ，その上で自らの考えを深め，「現在と過去との対話」を深めていくことが大切である。この「対話」の中に，「独創」の学びの姿が浮き彫りとなる。

戦後の日本の復興を東京オリンピックの開催に焦点化して学習する。導入にあたっては，東京オリンピックマーチを聴かせて動機づけを行う。東京でのオリンピックの開催については，第12回東京オリンピックが第２次世界大戦の激化により中止された歴史があったことを補説する。第18回東京オリンピックの開催には，その前のローマオリンピックの開催と関連して取り上げるとおもしろい。

1955年IOC総会に次期オリンピック候補地として立候補した８カ国のうち，日本はわずか４票しか推薦されず，第１回目で落選。第３次抽選でローマに決定した。しかし，４年後のIOC総会では日本は見事１回でトップ当選する。「前回は最下位だった日本が，たった４年間でどうしてオリンピックの開催国になれたのだろう？」

これには，当時の植民地諸国の独立運動の気運，中南米を精力的に歩いた日系企業家フレッド・イサム・ワダの地道な努力，外交官平沢和重の演説などが日本を支持させたと言われている。当時の状況から日本が支持された要因を考えさせる。

○戦後，戦争のない日本を目指した。

○経済復興のまっただ中でのオリンピック開催。

○植民地諸国の期待を担い，アジアで初めてのオリンピック。

これらの意味を子どもたちなりに考えさせ，入場行進のマーチに合わせて実況放送を発表させた。次に掲げるのは，S・Nさんの実況放送原稿である。

> 戦争という暗い過去から一転。平和な世界への大きな一歩を踏み出す第18回東京オリンピックの入場行進であります。今思えばとてもつらい日々でした。苦しいことや悲しいことがあふれている時代でした。それでも，復興に向けて立ち上がってきました。どれだけの人がこの日を待ち望んでいたことでしょう。おたがい戦い合っていた国が，同じ平和の祭典に出場するのです。こんなすばらしいことが，他にあるでしょうか。みなさん一体となって心からオリンピック開催を祝福し，応援しようではありませんか。がんばれ!!

歴史学習においては，次の５つの項目を重視したい。

① 史実を可能な限り正しくとらえる。
② 自らの考えを集団の学び合いの俎上に出し，多面的・反省的・批判的にとらえ直す。
③ 自らの考えを反省的思考を踏まえて論理的に組み直し，新たな価値判断（解釈）を決定する。
④ 自らの考えを硬直化させず，その後も柔軟に活かし，対応する姿勢をもつ。
⑤ 歴史事象との「対話」を重視し，自らの考えを表現して記録に残す。

一連の学習活動を通し，最終的には自らの言葉として記録して表現した部分に「独創」の学びの姿が蓄積されていくのである。

4 成果と課題

「独創」の授業において，社会科の指導法として，次の４つが明らかになった。

① 具体的な事実・事象を追究させると，多様な見方・考え方を引き出すことができる。
② 選択する場面を取り入れると，自他の考え方の違いが明確になる。
③ 事実を確認し，多様な考えを解釈した後に独自の価値判断をする場を設定すると，独自の考えが生まれやすい。
④ 多様な価値判断を認め，子どもが自分の考えに責任（自信）をもちながら問題解決ができるようにさせると，子どもは新たな考えを生み出しやすい。

社会科において，「独創」の授業といっても授業本来のスタイルが大きく変わるわけではない。つまり，変わるものは授業の形ではなく，授業の質である。そのためには，教師と子どもとのよりよい関わり方をさらに検討していく必要がある。

3 算数科の「『独創』の授業」

1 算数科の「『独創』の授業」像の構築

(1) 算数科における，具現化したい「独創」の学びの姿

算数科における「『独創』の授業」は，端的に言うと個々の子どものその子らしい素直な発想に着目し，大事に扱う授業である。それは，発想した内容の正誤にこだわるのではなく，子どもが発想する空間や発想するという行為そのものを認め，自らの発想の源を子どもに意識させていく授業と言ってもよい。

例えば，「7.25÷2.5」の計算を扱う授業であれば，「わられる数とわる数を10倍にして計算する」という計算方法の一般化・形式化を急ぐのではなく，「小数を整数にするんだったら，わられる数とわる数を100倍して『725÷250』でも計算できるんじゃない？」とか「わられる数とわる数を４倍して『29÷10』にした方が簡単だよ」と思える子どもを育てる授業である。そして，このような発想が，次に「分数÷分数」を学習する場面でも，「分母と分子をひっくり返してかけ算する」のではなく，わられる数とわる数の分母を通分して計算してみたりするような発想を生み出す源となる。つまり，算数科の「『独創』の授業」では，次のような学びの姿の具現化を目指す。

算数科における「独創」の学びの姿

○与えられた問題をそのまま鵜呑みにするのではなく，「これでいいのか」という問いの目で問題について考え，解決の見通しをもったり，問題の条件を明確にしようとしたりする。

○正答を得ることや，形式的に速く正しくできることのみに満足せず，正答を得るまでの過程や問題の意味，本質をとらえようとする。

○友達の考えを解釈・評価する中で，自分自身の考えの価値を見いだしたり，自分の考えを再構成しようとする。

○自分とは異なる友達の考えを理解しようとし，友達の考えがどうしたらよりよいものになるか考えようとする。

○分かったつもりになっているのではなく，素直に分からないことを自覚すること。そして，その問いを表現し，追究する。

○いくつかの事例からきまりを発見したり，既習と関連づけて解決の方法を見いだした

り，既習をもとになぜそうなるのかを説明したりしようとする。
○予想や考え方，答えが本当に正しいか，いつでも言えることかと批判的に見直し，確かめようとする。
○数量や図形の条件を変えるなどして未知の世界を探ったり，新しい解決方法を創ったりする。
○既習と未習の「境界線」を意識し，既習を活かして考えを組み立てていく。

そして，算数科における「『独創』の授業」では，子どもに次の６つの資質・能力を育むことを目的とする。

算数科における「『独創』の授業」で育む資質・能力

① 答えを得るまでの過程に価値をおく態度。
② 新しい問題や，自分らしくて新しい解決方法を創りだそうとする能力や態度。
③ 友達の考えを解釈・評価することで，友達や自分の考えの価値を見いだそうとしたり，再構成しようとしたりする能力や態度。
④ 素直に問いを表現し，追究しようとする能力や態度。
⑤ いくつかの事例からきまりを発見したり，既習と関連づけて解決の方法を見いだしたり，既習をもとに筋道を立てて考えたりする，創造的に学ぶ能力や態度。
⑥ 予想や考えや答えが，本当に正しいか，いつでも言えることかと，批判的に見直し，確かめようとする能力や態度。

(2) 算数科の「『独創』の授業」を支える条件

ところで，「『独創』の授業」を成立させるためには，授業の構成要素の中でも次のような「個人」及び「学級集団」に関する要素を整えていくことが必要となる。

個人に関する要素

○自分の考えを表出できる表現力。
○他者の考えや教材を読み取れる読解力。
○柔軟な思考。
○論理的な思考。
○創造する喜び体験・感動体験。
○共感できる心。
○精神的なたくましさ。

学級集団に関する要素

○単に結果を求めるのではなく，結果に至るまでの過程に価値を置いた授業観。
○多様な考えを受け入れる学級風土。
○友達の考えを加工したり組み合わせたりしながらより良いものを追究していこうとする学級風土。
○価値あるものに対する適切な評価。

そして，これらの構成要素から算数科における「『独創』の授業」を支える条件を次の３つに整理した。

算数科における「『独創』の授業」を支える条件
①　答えに至るまでの過程の違いに価値を見いだす（算数に対する価値観を変える）。
②　友達の考えのよさを認めつつ，自分の考えを創造し表現する場がある。
③　発想の源に触れる場がある。

なお，これらが条件と成り得るためには，授業者は次の２点についても意識しておかなければならない。

１つは，「『独創』をおもしろがる学習集団づくり」を大事にするということである。学級内で生まれた独創的な考え，即ち「自分らしさ」にこだわった個々の考えを，授業者も子どもも肯定的かつ好意的に受け止められる学習集団をつくるということを意識しておきたい。これは，前述の３つの条件を大事にした授業を実現していけば自ずと養われていくものでもある。

もう１つは，「基礎・基本」の習得である。当然のことながら「『独創』の教育」は思いつきで行われる教育活動ではない。授業を通して，子どもたちが「知恵やものを新しく生み出したり，すでにあるものに新たな価値を付け加えたりする」ことができるかどうかは，当該の学習の前提となる「基礎・基本」の習得の程度に大きく左右される。だから，「『独創』の教育」の授業づくりにおいて「基礎・基本」の習得はとても大事な前提となる。

(3)　算数科の「『独創』の授業」の核となる指導法

算数科の「『独創』の授業」を実現するためには，授業者は授業設計の段階から意図的，計画的に授業を構成しなければならない。そして，次の２つの「指導法の核」を意識した指導を行っていく。

指導法の核・その１　「意図的な混沌の場」の設定

◆知的な揺さぶり，切実感，本気⇒子どもの独創的な問いを引き出す。

指導法の核・その２　「関係づけ」の認識方法の育成

◆教材と既習との関係づけ⇒自分らしさの発揮

◆友達の考えと自分の考えとの関係づけ⇒自分らしさ，その人らしさの意識化

なお，これらの詳細については，後の実践事例の中で示すことにする。

ただ，子どもを知的に揺さぶる場面として「意図的な混沌の場」を設定したとき，「関係づけ」をする対象や「関係づけ」をする方法は子どもごとに異なるということ

をしっかり意識しておきたい。それは子ども一人一人の問題意識の違いや経験の違いによって生じてくるものだからである。

そこで，授業者は，個々の子どもが抱いた「独創的な問い」を保証し，その解決に向かって取り組める場を用意する。そして，子どもに対して，それまで見えていなかったことが見えてくる，あるいは見ている世界の広がりが実感できるような体験の実現を目指す。そのことが，一連の活動そのものをおもしろいと感じ，同じ事象に対して違う視点からも迫ってみようとする態度を子どもに育むことにつながっていく。

また，友達の独創的な問いについて追究していく過程を一緒に体験する他の子どもも，自分とは異なる別の切り口から見ることのおもしろさを味わい，自分自身の見方や考え方を見つめ直すきっかけを得られる。

これらの体験の積み重ねが，結果的に独創的なものの見方や独創的な発想を生み出す礎となる。だから，個々の子どもの「独創的な問い」を意図的に引き出すことが実質的な指導法の核と言っても過言ではない。

(4) 算数科の「『独創』の授業」における評価

「『独創』の教育」の中で我々が言う「独創」は，仲間がいるからこそ意識される相対的な概念である。即ち，子どもが抱く「自分らしさ」は，所属する集団・仲間との関係において認識できるものだという考え方であり，それを意識化する過程が「『独創』の授業」における評価である。

ただし，「独創」を評価するためには，次のような「独創」のとらえ方についても授業者は意識しておかなければならない。

「独創」は発火点となるときは「独創」だが，みんなが認めたり真似をし始めた瞬間から独創的なものではなくなる。これが「独創」という動きの宿命である。

つまり，「独創」にあこがれ，「独創」に苦労するが，最後の目的が，みんなが真似してくれることである場合，最後は「独創」ではなく「当たり前」になる。

自分は「独創」で，他者は模倣。他に認められたいという願望がそこには存在する。

一方で，芸術的なこと，作品的なことでは「独創」は真似されては困るものである。だから世の中には著作権や特許という概念がある。

他者の模倣は認めたくない。自分は独創的なままでいたい。

ここに相反する２つの気持ちがある。

「独創」は，発火点としての価値の時点では，珍しいもの，奇抜なもの，新鮮なものとしての価値づけをもらうが，大衆がそれは面白い，今まで思いつかなかったけど真似してやってみよう，と感じて動き出した途端，当たり前のものとして位置づけられていく。

これは，「その人らしさ」を認めていくことであると同時に「らしさ」が埋没の危機に直面する動きともなる。つまり，あっという間に「その人らしさ」が見えなくなっていく。

この動きは独創的な発信をした人の気持ちを実は萎えさせる動きである。

つまり，「自分らしさ」だと思っていたものが，あっという間にみんなと同じになるということは，表現したいという気持ちを萎えさせる。

つまり，独創的な考えを生み出した子どもが抱く「これは自分が考えたもの」という意識の扱い方に，「『独創』の授業」における評価のあり方が問われる。

改めて「『独創』の授業」の評価という観点から子どもの反応を見直すと，算数の授業中に現れる子どもの考えのとらえ方も変わってくる。例えば，初めての問題に出会った場面で子どもが見せる反応は，ほとんどの場合，その全てが独創的だととらえられる。どこかで知識として形式を知っていた子ども以外は，自分の力でどうにかしようと必死で考え，既習と「関係づけ」ながら自分らしい方法で解決に向かおうと自らの考えを生み出しているからである。

だからこそ，「独創」は決して特別な子どもに限ったことではない。すべての子どもは独創的な資質をもち合わせているという立場に立って評価することの大切さを再確認しておきたい。

ただ，このように評価をとらえると，逆に授業者の資質が問われることになる。例えば，授業者の意図しない反応が現れた場合に，その子どもの考えを「独創」と評価するか，それとも切り捨てるのか。事実，授業者が意図しない子どもの反応の中にも，何か新しいものを創り出す「独創」もあれば，単純な勘違いや明らかに的外れな考えも混在している。それを即時的に判断し，評価するのが授業者の役割となる。

しかし，現実に授業者の意図しない反応が現れた場合，どのような基準で判断すればよいのだろうか。結論から言うと，算数科の「『独創』の授業」では，どちらの場合も基本的にそのまま受け入れることが大事であるというのがその答えである。

なぜなら，まず，素直に表出した自らの考えを周りから認めてもらう体験が蓄積され，自分の考えを表現することに躊躇しない子どもになっていくからである。「『独創』の授業」では，周りの意見に簡単に流されるのではなく，自分らしい考えを伝えられることがその前提であり，このような態度を大事にしたい。

仮に間違った考えであっても，集団の中で自然に淘汰されるし，「ここまでならば気持ちは分かるけど…」というように途中まででも「その人らしさ」を仲間が理解してくれたならば，自らを肯定的に受け止められるようになっていく。一方，授業者も気付いていない本当に独創的な意見の場合，その価値に授業者自身がいつ気付くかということだけが問題なのであって，実質的には価値があることに違いはない。だからいずれの場合も評価して取り上げてよいわけである。

なお，形式化，一般化を図っていくという特徴をもつ算数科では，たとえ「その人らしさ」が現れた考えであっても，最終的には「同じ」１つの形式に収束されることが多い。だからこそ，「『独創』の授業」では，結果だけでなく，収斂されていく過程に現れる個々の考えの違いに価値を置いて評価するということを大事にするのである。

2 算数科の「『独創』の授業」像の提案

(1) 1時間の授業レベルの「『独創』の授業」像

算数科における「『独創』の授業」を実現するためには，子どもが自分らしさを意識することとそれを価値づける評価が大事になる。そのため，1時間の授業の中でも意図的にそのような場を設定する必要がある。

また，子どもの本気の問いの連鎖を誘発することも大事な視点となる。つまり，子ども自身が問題の連続性を意識するような場を設定するのである。例えば，1時間の授業で1つだけの問題を扱うのではなく，単純に2問以上扱うことも1つの方法となり得る。ただし，それは単なる練習や適用という意味で複数の問題を扱うという意味ではない。子どもの発展的な問い（「だったら，こういう場合はどうなるのかな？」）を生み出す，あるいは子ども自身の問いによって拡張されていく問題を設定するという意味である。つまり，子どもが複数の問題間の関係づけを行っていくような授業の構成を意味する。

ところで，人間の創造的な思考には言語が不可欠である。特に算数科では算数だからこそ用いる数や式，図，表，グラフ，数直線等を用いる言語活動によって問題解決を図っていく過程が重要である。それは，音声言語として顕在化するものだけではなく，書き出される文字言語等のテキストも含む。さらに，子どもの中で機能している内言も創造的な思考を促す言語活動だととらえたい。そこで，算数科の学習だからこそ行っているこれらの言語活動を仮に「算数的言語活動」と言い表すこととする。

つまり，算数科における「『独創』の授業」は，問題場面や友達の考えに対して子どもが連続的に「算数的言語活動」を行っていく中で実現されるのである。

特に，低学年においては，音声表現と操作や作業等の身体表現を両輪とした「算数的言語活動」を全員の子どもに保障する。当然，低学年から文字表現を主としたテキストとしての「算数的言語活動」も行うが，中高学年に向けて徐々に豊かにしていくことを意識しておきたい。中学年・高学年になると，音声言語とテキストとしての言語を積極的に用いながら創造的思考を自由自在に行う姿を重視する。

(2) 単元レベルでの「『独創』の授業」像

図1の「『独創』の授業」像において，子どもが「関係づけ」を図る対象に着目すると，それは，これまで経験してきた授業の中で，「この考え方はいいなあ」「分かり

やすいなあ」「すごいなあ（驚き）」「そうか！（発見）」というようにその子にとって印象深い知識や考えである。この事実をもとにすると，子どもが「関係づけ」たくなるような場面を計画的かつ意図的に設定していけば「『独創』の授業」は活性化されることになる。つまり1時間の授業内での関連ばかりでなく，同一単元内における授業間の関連や複数の単元間の関連，あるいは次の学年の単元との関連まで意識して授業設計に盛り込んでいくのである。

　これは，単元レベルでの「『独創』の授業」像と言える姿であるが，ここで「独創的な問い」を子どもから誘発するポイントを整理すると次のようになる。
○子どもが行う創造的な思考のつながりを長いスパンでとらえて授業を設計する。
○単元末における子どもの「独創」を評価し（価値づけ），個人で行う発展的な思考活動を促したり，今後の学習に対する期待をもたせる。
○次の単元で学習するときに，子ども自身が既習を振り返り，「関係づけ」ようとする姿勢や態度を引き出す。

```
       ┌──────┐
       │ 自 己 │  「基礎・基本」（考え方，問題解決の方略，知識，技能）
       └──────┘
           ↓
  ┌─────────────────────────────────────┐
  │  問題場面①（提示の工夫，授業構成の工夫）との出会い │
  │           ↓                                    │
  │        ┌─────────────┐                        │
  │        │ 算数的言語活動 │                        │
  │        └─────────────┘                        │
  │           ↓                                    │
  │   意図的な混沌の場 ── 独創的な子どもの問い，切実感，本気 │
  │           ↓       （試行錯誤，自力解決）        │
  │      関係づけ ── 教材と既習との関係づけ，「自分らしさ」の発揮 │
  │           ↓                                    │
  │    仲間の考えの存在 ── 解釈・再現              │
  │           ↓                                    │
  │      関係づけ ── 自分の考えと友達の考えの関係づけ，発想の源に触れる │
  │               ● 「自分らしさ」の自覚           │
  │               ● 「その人らしさ」の意識化       │
  │           ↓                                    │
  │     自己の更新 （新たな「基礎・基本」の習得）   │
  │           ↓                                    │
  │   発展的な問い（問題場面②）                    │
  │   （「だったら，こういう場合はどうなるのかな？」）│
  └─────────────────────────────────────┘
```

図1　1時間の授業レベルの算数科「『独創』の授業」像

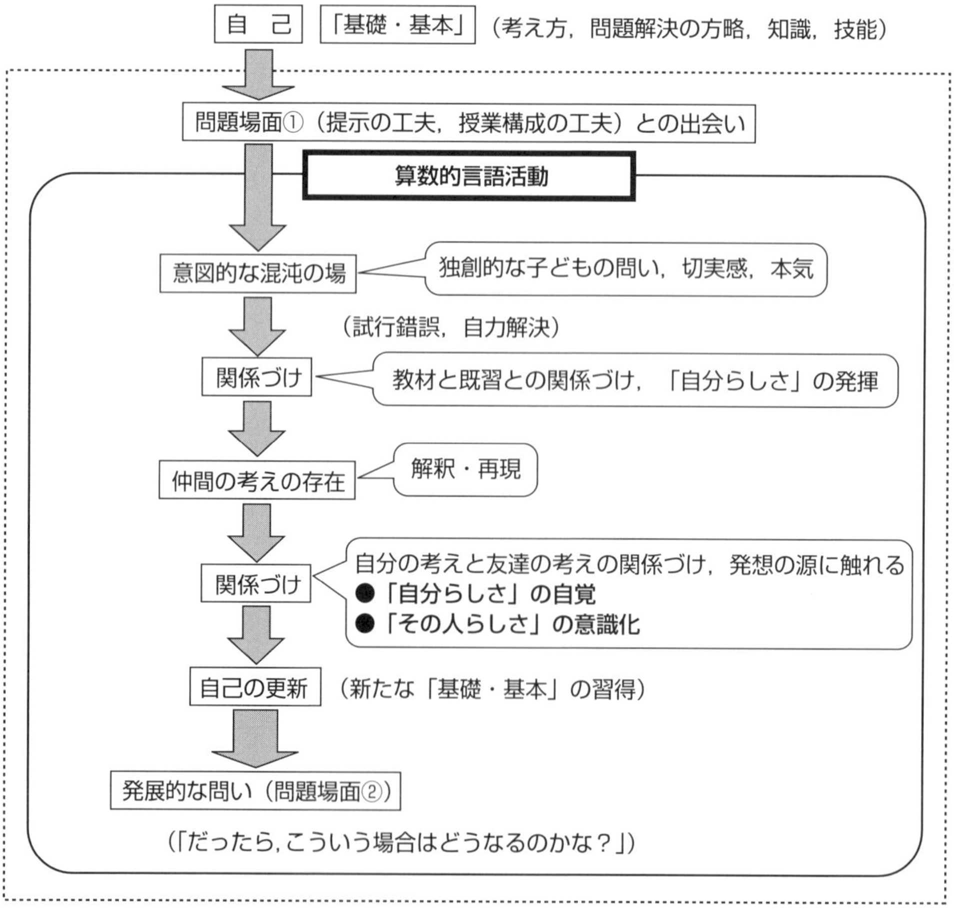

(3) 「自分らしさ」を意識させる「『独創』の授業」像

算数は答えが１つに決まる教科だと思われがちであるが，答えが１つに決まらないオープンエンドの問題を扱うこともある。例えば，写真１の作品は，子どもが作った円柱の展開図である。見て分かるように，子どもごとに「自分らしさ」を発揮している。同時に，当の子ども自身も「自分らしさ」を意識しやすい。

写真１ 円柱の展開図

なお，これらの展開図は，単純に「円柱の展開図を自由に作りなさい」という指示を与えただけで作成されたわけではない。あらかじめ円柱の特徴として側面が曲面であることや底面が合同な２つの円でできていること，あるいは辺や頂点が存在しないということを共通に理解させた上で取り組んでいる。

また，作成する活動時間をすべて子ども任せにするのではなく，小集団や学級全体でアイデアを交流させる場を設定している。ただし，「自分らしさ」を大事にする「『独創』の授業」では，友達の真似をしたくない，あるいは友達に真似られたくないという子どもの思いも大切にし，自分の考えにこだわる子どもは交流しなくてもよいという環境を意図的に用意することも意識しておきたい。

そして，特徴的な「その人らしい」独自のアイデアが出た場合は，誰のアイデアなのかという発案した子どもを認めることが大事になる。そして，それぞれのアイデアに「○○方式」という名前を付けたり，生み出した子どもに発想の源が何だったのかを確かめ着眼点のおもしろさを周りに伝えるようにする。

一般的に算数科の学習内容の多くは，ある特定の概念形成や計算方法の確立のように形式化・一般化を目的としており，収束的思考を基本とした授業が多くなる。それに対してオープンエンドの問題は拡散的思考を促し，既習の知識や技能，考え方を組み合わせて新しい論理やことを発見していく経験をさせていく。子どもは，自らの判断に基づいていろいろな方法や考えを生み出していくので，「その子らしさ」が現れやすい。このようにオープンエンドの問題を扱う授業も「『独創』の授業」の１つのモデルである。

(4)「自分らしさ」を価値づける「『独創』の授業」像

―条件に応じて使い分けられる―

一般化・形式化を図る算数科の特性上，これまでの多くの授業では，多様な考えを引き出した後で１つの考えに収束していく傾向が強かった。このような授業の場合，たとえ自分らしい考えを生み出したとしても，一般化の過程で選ばれない子どもは「自分らしさ」に対するこだわりが薄れてしまう。

一方，自分の考えや友達の考えにこだわる「『独創』の授業」では，一部の考え方に収束させることだけが算数の授業ではないという立場に立ち，多様な考え方を生み出すことに価値があるということを子どもに実感させるような授業を目指す。

そのためには，子ども自らが「～の場合には…の方法が便利だ」と判断し，それぞれの考えのよさを生かすことができるようにしていくのである。言い換えれば，問題に応じて方略を使い分けられる子どもである。

例えば，「２位数×２位数」のかけ算の授業において，「25×12」のように多様な計算方法が現れる特殊な数値から意図的に導入してみる。

一般的に，「２位数×２位数」のかけ算の授業の終着点を筆算形式の習得に置いている授業では，導入でこのような特殊な数値は用いない。しかし，計算処理の仕方に対する「自分らしさ」を引き出す「『独創』の授業」では，何でも筆算に頼るのではなく，かけ算の数値によっては自分の方法で，あるいは友達の方法で筆算を使わずに工夫して計算することを選択し，実際に計算できるようにしていくことを重視する。

例えば，「37×19」は筆算で計算するが，「75×12」ならば筆算を使わずに「25×３×４×３」⇒「25×４×９」⇒「100×９」と計算する，というような判断である。

結局，このような授業像は，一般化，形式化だけがゴールではないという新たな算数授業観の構築を意味しているのである

なお，このような授業づくりを実現するためには，多様な考えが現れるような教材設定の工夫や教材開発が要求されるが，それも「『独創』の授業」を支える授業者の大事な役割の一つである。

3 算数科における「『独創』の授業」の具体と実践

❶ 低学年

単元名：第2学年「かけ算の活用」

（夏坂実践）

正方形を切って幅1cmの帯を作る3つの切り方について，それぞれの切る直線部分の長さの求め方を考えさせた授業である（方眼の1マスは1cmとする）。

切り方①では，5cmずつ5本の直線なので，切る長さは5×5＝25（cm）となる。

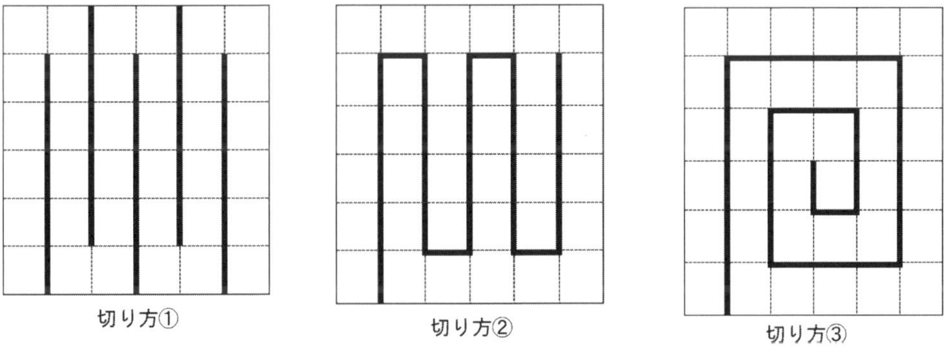

図2　正方形を切って幅1cmの帯を作る3つの切り方

次に，②の直線の長さを調べてみると，これも25cmである。たし算の式で表すと，「5＋1＋4＋1＋4＋1＋4＋1＋4＝25（cm）」となる。この式の1＋4を括ってみると，次のように5×5に変形できることに気付く。

「5＋（1＋4）＋（1＋4）＋（1＋4）＋（1＋4）＝5＋5＋5＋5＋5＝5×5」

これを見た子が，「③にも5×5があるのかな？」とつぶやいた。この子の疑問を取り上げて，③について調べてみることにする。

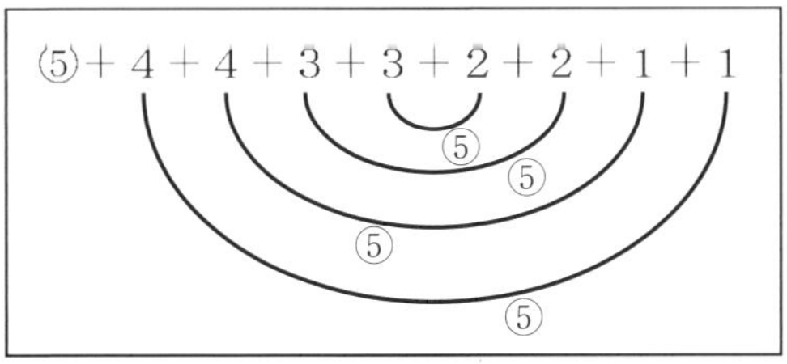

図3　「5」になる組み合わせ

すると，**図3**のように，たし算で表した式に現れた数の中から「5」になる組み合わせを線でつなぎ，「5」が5つあることを示した。

図を見てつくったたし算の式から，「5×5」という式を導き出したわけである。

ここでは意図的に①，②の順に直線部分の長さを扱い，「①でも②でも言えたことが，③にも言えるのかな？」という子どもの問いを引き出した。これがこの授業における**「意図的な混沌の場」の設定**である。

つまり，共通点がある３つの場面を提示し，最初の２つについて共通することを見つけさせ，「残りの１つについても，その共通点は成り立つだろうか」という声が子どもから出てくるように仕向けたわけである。そして，その声をとらえ，全体に返し，期待感をもたせて３つ目について調べさせる。同じことが言えることが分かったところで，「３つ目にも成り立つだろうか」という疑問をつぶやいた子を大いに褒め（「独創」の評価），そのような働きかけ方に価値があることを全体に伝える。

子どもは，最初に考えた①，②の関係をもとに③との**「関係づけ」**を意識する。その際，他の子の考えを聞きながら，「どんな式に表せるだろうか」，「③にも５×５があるだろうか」という目で，それぞれの切り方を見ようとしたり，切った長さを求める式を考えようとしていった。

これまでの方法と新しい問題場面との**「関係づけ」**だけではなく，友達の見方や考え方との**「関係づけ」**を行いながら，**「混沌の場」**で生まれた問いの解消を図っていった。

❷高学年

単元名：第6学年「『垂線』の作図」

（山本実践）

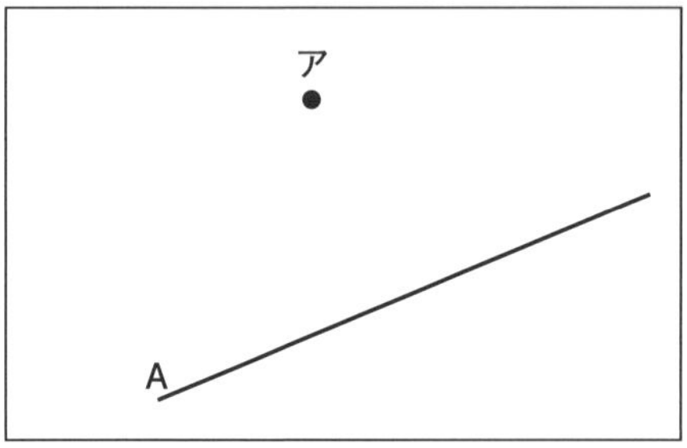

図4　ワークシート

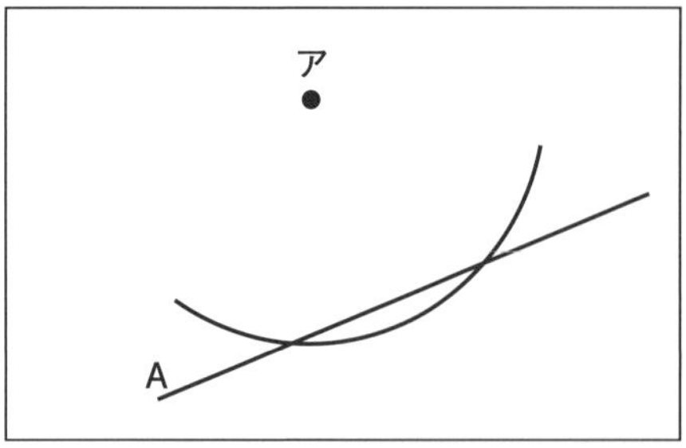

図5　R子のアイデア

図４のようなワークシートを配布し，「点アを通って，直線Ａに垂直な直線」の描き方を考えさせた授業である。子どもは「三角定規」か「分度器」を使えば簡単と考えていたので，「コンパスは使えないね」と揺さぶってみた。すると，「いや，使わないだけであって，使えないというわけではない」と言う。

そこで，コンパスを用いた作図方法を個々に考えさせた。多様な作図方法が考えられる場面であり，子どもの独創的なアイデアが生まれる場面である。その中でも，Ｒ子のアイデアを最初に取り上げ，**図５**のように描いたところで制止した。実は，この方法で垂線の作図をしていたのはR子だけだったので意図的に取り上げた。そこには，R子のアイデアを価値づけたいという思いと，周りの子どもから「どうやって描いたの？」という新たな問いを引き出したいという思いがあった。つまり，本時の授業の**「意図的な混沌の場」の設定**である。そして，R子がこの後にどのようにして垂線を描いたのか想像させてみた。

このように友達の考え方を想像する活動は，自分の考えと友達の考えを比較して**「関係づけ」**る思考が自然に促される。

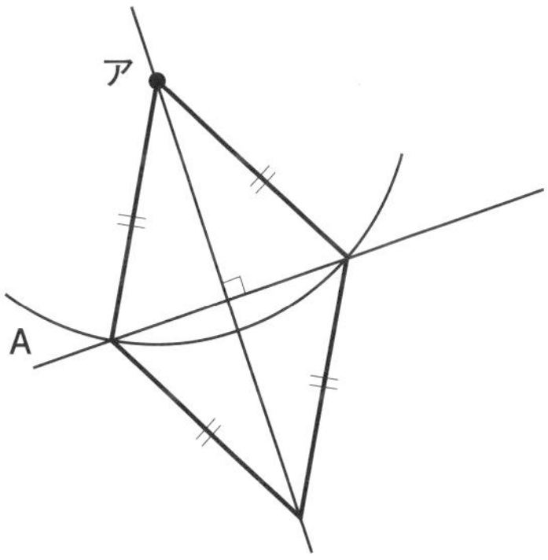

図6　ひし形

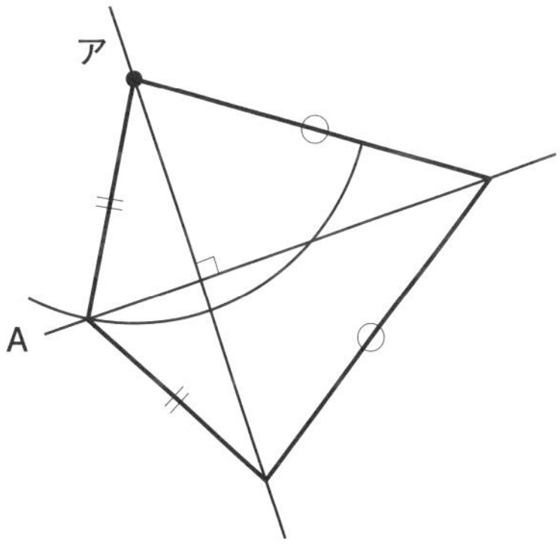

図7　たこ形

最初にひし形（**図6**）をイメージした考えが現れ，「ひし形は対角線が垂直に交わるから」という理由も付け加えられた。すると，他の子どもが，「だったら対角線が垂直に交わる四角形は他にもある」と言って，たこ形（**図7**）を作図した。対角線が垂直に交わる四角形への**「関係づけ」**が刺激された状態である。このように一人の子どもの考えを想像させていくと，個別に見ていたことが絡み合い，気付いていなかったことも見えてくる。

例えば，この後に生まれた「結局，線対称な図形を作れば垂線が描ける」という考えがその典型であり，本時の「独創」と言える考えである。自分一人で考えていた段階では，この意見を言った当の本人をはじめ周りの子どもも誰一人「線対称」という視点を意識していなかった。R子の考えを想像する中で「直線Aを対称の軸にすればいい」という新たな見方が生まれたのである。

ところが，本当のR子の作図方法は**図8**のようなものであった。2つの二等辺三角形が線対称な図形であり，底辺が同じ二等辺三角形は対象の軸が同じであるという考え方を用いていた。すると，周りの子どもは，この考えならば二等

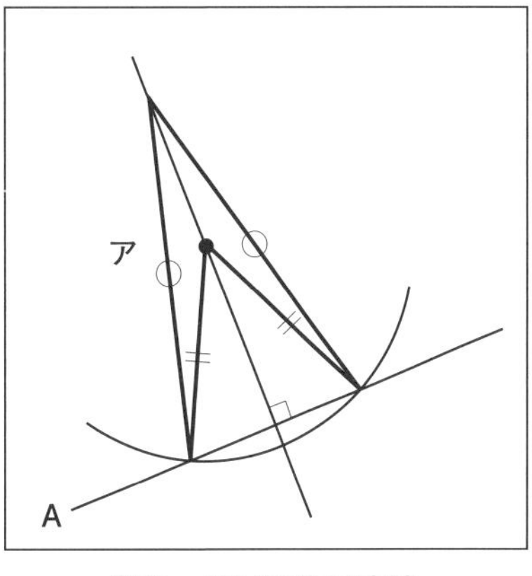

図8　R子の作図方法

辺三角形を直線Aの下に作ってもよい（たこ形になる）ことに気付き，最初のひし形の考えも同じ仲間であることを認めた。それは同時に，R子の着眼点のおもしろさが「独創」として仲間から認められた瞬間でもあった。

4 成果と課題

算数科の「『独創』の授業」のあり方を研究してきた結果，子どもが発想すること自体の価値をこれまで以上に重視した授業づくりが意識されるようになった。そこでは，正答につながる多様な発想に着目するだけではなく，たとえ間違った考えであっても，その子なりの発想の源や発想の仕方を見いだし価値づけようとする新たな指導法が見えてきた。そして，仮に本時の問題にはうまく適用できなかった発想であっても，その考えが使える場面を意図的に設定し，「その子らしさ」を価値づける授業づくりも意識されるようになった。

また，その子らしい発想を引き出し，考え方を価値づけるためには，正解のない問題を教材として扱う授業も考えられる。例えば「□□×□□=463」となる2桁のかけ算は存在しないということを説明する場面で，子どもの取り組み方の違いに着目し，その子らしい着眼点や発想の違いを価値づけていくような授業である。

今後さらに授業者自身も算数の授業に対するとらえ方を柔軟にして，子どもの発想を豊かにする授業のあり方を模索していく必要がある。

4 理科の「『独創』の授業」

1 理科の「『独創』の授業」像の構築

(1) 理科における，具現化したい「独創」の学びの姿

今，社会で求められている人材は，組織に従属するタイプではない。組織と関係を一切もたずに単独者として生きていくタイプでもない。組織と個人の間を行ったり来たりしながら，組織から得られる様々な情報をリソースとして活用し，自分で納得できる問題解決を具現できる，両者のバランスがとれたタイプの人材こそが求められている。これが，これからの社会で求められる「独創」の姿の一つである。

理科教育における「『独創』の教育」は，単に「ひらめく力」を個々に育てることがねらいではない。集団と積極的に関わりながら，得られた情報を主体的に取捨選択し，自分が納得できる論理を自らの力で創っていく能力・態度の育成を目指す。つまり，「独創」とは“独りで創る”ことと解釈した。

“独りで創る”と言っても，学習のプロセスすべてを独りで行うような個別学習を意味しているわけではない。独りの考えを広げ深める意味でも他者との関わりは不可欠である。したがって，授業は従来のような集団による学習が基本である。しかし，学習の最後のまとまりは“独りで創り”，まとまりをつけて理解していくことになる。つまり，自分にとって分かりやすいモデルをもち込んで理解する。このような学びの姿は，学習指導要領の「理科の目標」で示されている“実感を伴った理解”につながるものである。

目指すは，「“独りで創る”授業」の実現である。

> 考えの違いを自覚し，認め合い，共有できた事実を自分なりに表現する過程で，実感・納得できる理論を自分で創り出すことのできる「“独りで創る”授業」

(2) 理科の「『独創』の授業」を支える条件

「“独りで創る”授業」の実現のためには，これまでの一斉指導を中心とした授業構成のみに頼っていてはなかなか難しい。特に，第３年次研究で示された指導法の核である「『関係づけ』の認識方法の育成」のためには，次の条件が必要不可欠となる。

集団思考の成果を，子ども一人一人が自己の思考・判断によって取捨選択しながら自分の考えを構築していく（できる）場と時間の確保。

さらに，“独りで創る”という視点で子どもの思考を問い直してみるということは，学習の出口までフォローし，子ども一人一人が実感，納得できる授業を目指す教育に対する責任を教師が背負うことを意味する。そこで必要となるのが，次の条件である。

理科授業における「言語活動」の設定。

観察・実験に代表される直接経験が，理科教育で大切であることは間違いない。しかし，経験さえさせれば学習内容を正しく理解し，科学的な見方や考え方が養われるかというと，そうはいかない。たとえ自然の事物現象を扱う理科であっても，子どもたちは，「言葉」を使って話し合い，「言葉」を使ってノートに記録する。「言葉」がなければ，情報の共有化も，自分の考えを顕在化させていくこともできない。

“独りで創る”ということは，広く認知，共有されている科学知識や科学理論と目の前の事物・現象とを，「言葉」を使って結びつける過程でもある。その意味で，「言語活動」は，「『独創』の授業」を支える条件となるとともに，どのように授業へ組み込んでいけばよいかという重要な課題ともなる。

(3) 理科の「『独創』の授業」の核となる指導法

「『独創』の授業」を支える条件をもとに，これまで提案された「指導法」は以下の通りである。（□囲みは教師名）

森　田：**授業の終末に“独りで創る”活動を設定する授業モデル**
- ・「自己説明」（説明活動）の場の設定
- ・「自信度チェック」の導入

白　岩：**子どもの独創を支援する授業モデル**
- ・混沌の場の意図的設定
- ・関係づけの認識方法の育成

鷲　見：**子どもが“独りで創る”ための授業モデル**
- ・個々が事物現象に触れながらの予想
- ・協同的な学びの後の個々の振り返り

佐々木：**“独りで創る”ための言語活動を組み込んだ授業モデル**
- ・「問題」と「答え」の関係の明確化
- ・「自然の事物・現象」を３つに切り分けた考察

森田実践，佐々木実践それぞれの指導法については，次ページからの「2　理科の「『独創』の授業」の具体と実践」で詳しく紹介する。また，白岩実践，鷲見実践については，『研究紀要～第68集～』で報告することにする。

(4)　理科の「『独創』の授業」における評価

評価観点の１つであった「科学的な思考」に「表現」が加えられ，「科学的な思考・表現」となった。その趣旨は，言語活動を中心とした表現活動を，評価と一体化して行うことを明確にするためである。つまり，獲得した知識・技能を活用し，各教科の内容等に即して思考・判断したことを，「記録・要約・説明・論述・討論」といった具体的な言語活動の事実をもとに評価することが求められる。

「“独りで創る”授業」における評価も同様である。子どもが表現した事実をもとに判断することが求められる。

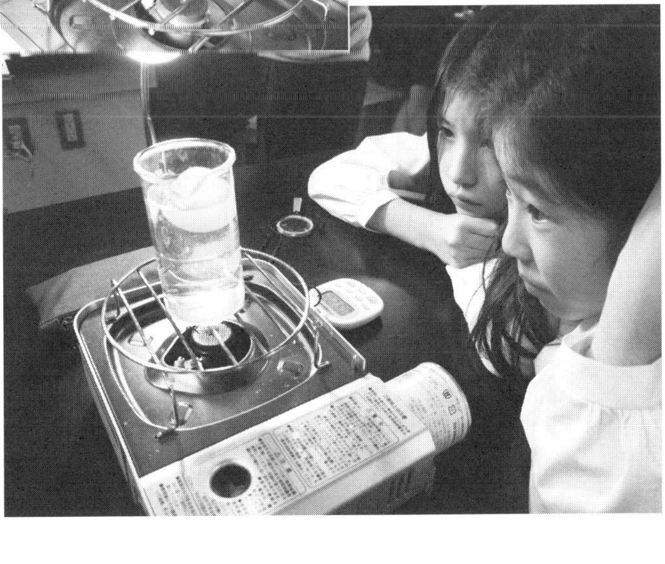

2 理科における「『独創』の授業」の具体と実践

❶ 高学年 授業の終末に“独りで創る”活動を設定する授業モデル
単元名：第５学年「ものの溶け方」

（森田実践）

① “独りで創る”活動の意義

通常の授業では，学級集団や小集団での話し合いから考察することが多いが，その活動に参加していても「分かったつもり」の児童が存在する現実がある。

そこで，集団の話し合いだけでなく，話し合い後に自分の考えを「書く」活動，つまり，考えを“独りで創る”活動が必要となる。ここで言う“独りで創る”が，独りよがりの問題解決ではないことは当然のことである。

また，理科の学習で扱う事物・現象は，様々な様相を示す対象であるため，それを言語という記号を使って適切に表現するのは容易なことではない。例えば，「結晶」という科学用語を使って現象を表現したとしても，「結晶」という用語を聞いた相手がイメージする結晶の形と，説明者のイメージした形とが同じものであるという保証はない。このように言葉だけではうまく伝わらない対象を，理科の学習では扱う。したがって，相手に自分の意図通りに伝えるためには，「〜みたいに」という比喩や図・絵を用いてモデルを示す等の工夫が不可欠となる。どのような比喩やモデルを用いて伝えるかは，まさしく説明者の理解の仕方が表れてくる“独創”の場面となる。

② “独りで創る”を促す手立て

1）「自己説明」の場を設定する

「説明活動」というと，「相互交流のある他者説明」を設定しがちだが，多くの場合は効果のない活動に陥っている。最初から「他者説明」という高度な説明活動に取り組むのではなく，まず学習したことを自分自身に分かるように説明するという「自己説明」を行うことから始めることが適当である。

例えば，授業の最後に「まとめ」をする。その「まとめ」後に，「今日の授業でよく分かったこと」「まだ分からないこと」をノートに記述させる「説明活動」を設定する。これは，書く行為による「自己説明」である。

ときには，その時間で扱った場面について，その変化の理由を説明させる記述問題を出したり，予想段階で記述した自分の説明を，この時間で学習した情報も組み込んで修正・加筆する自己説明を設定したりしてもよい。これらの記述には，児童一人一人の“学習後の理解状況”が明らかに外化されてくる。

2）「自信度チェック」で立場と本音を表明させる

同じ学習活動を体験しても理解には個人差が出る。また，同じ考えに賛同しても，その根拠や理解度，自信度には違いがある。しかし，それらは一斉授業の中ではあまり明らかにされず，学級全員が問題を解決でき，同じレベルで理解できたかのような錯覚をもって授業が終わることも少なくない。このような授業では，「分からない」「迷っている」という児童の本音が出にくい。

“独りで創る”活動を大切にするためには，児童自身が自分の立場や自分の考えを本音で表出する必要がある。今まで以上に自分の考えはどうなのかを自覚していくことによって，自分の考えが変容し深化していく手応えを感じるはずである。その手応えが，独りで創る活動を促進させることにつながっていく。そのためには，児童が本音を出し合い，学び合う授業を目指すとともに，児童の自信度を“授業の中で”明らかにすることが重要だと考え，名札による「自信度チェック」を採用している。

自信度をチェックすることで，自信度の違いが明確になり，不安だと感じる部分を詳しく見直すことも可能になり，より深い理解へと導くことも可能となるだろう。

③　授業場面における“独りで創る”

1）説明と自信度を記述するワークシートの工夫

ここでは，学んだ知識を活用して目の前の現象を説明する場を設定した。具体的には，ミョウバンの飽和水溶液を冷凍ボールで冷やし，冷凍ボールの周辺に起きる「水溶液の変化」を観察し説明する場面である。

ここで「自己説明」と「自信度」を記述できるワークシートを使用した（図１）。

まず，予想段階で，どのような変化が起きるのかワークシートに自分の考えを記述させた。これは予想時の「自己説明」である。さらに，その予想への自信度もワークシートの□枠に数字で記入させた。この数字は，「ぜったい：5」「きっと：4」「たぶん：3」

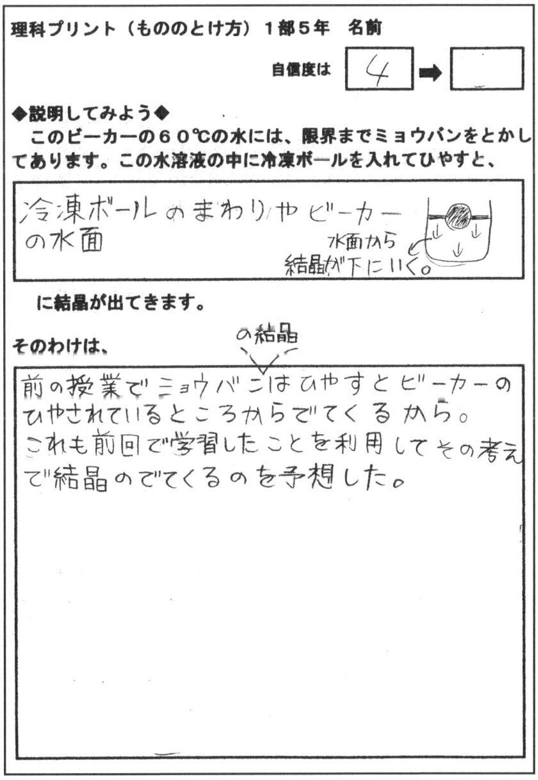
理科プリント（もののとけ方）１部５年　名前
自信度は　4　➡

◆説明してみよう◆
このビーカーの６０℃の水には、限界までミョウバンをとかしてあります。この水溶液の中に冷凍ボールを入れてひやすと、
冷凍ボールのまわりやビーカーの水面
水面から結晶が下にいく。
に結晶が出てきます。
そのわけは、
前の授業でミョウバンの結晶はひやすとビーカーのひやされているところからでてくるから。
これも前回で学習したことを利用してその考えで結晶のでてくるのを予想した。

図１　自己説明と自信度を記述できるワークシート

「もしかして：2」「ひょっとして：1」という自信度を示す文言に対応させている。

2）事象を観察し，変化を記録させる

飽和ミョウバン水に冷凍ボールを入れて，変化を観察させ（写真1），その様子を箇条書きで記録させた。

写真1　ミョウバンの観察

最初は，冷凍ボールが周囲の液体を冷やすので，ボールの周りには下向きの水流が発生する。この意味は，4年「水の温まり方」で学んだ対流の知識で説明できる。つまり，温度変化による液体の動きである。その後，ボールの周辺にミョウバンが析出し始める。析出した結晶は，雪が降るように降下していく。これは，結晶の重さによる落下である。さらに観察を続けると，ボールの周辺とビーカーの底にたくさんの結晶が析出し，僅かに“上昇するモヤモヤ”も見える。このように，冷凍ボールの周辺で，いろいろな変化や動きが観察できる（図2）。

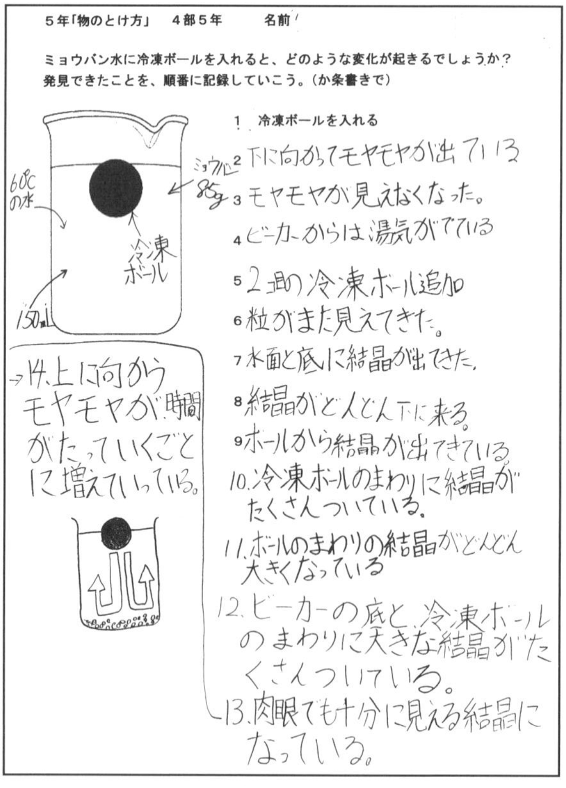

図2　ミョウバン水の変化を記録する

3）小集団や学級で意見交換させる

授業の終末に，これらの変化の意味を説明する場面を設定した。

まずは，小集団での意見交換をさせた（写真２）。ここでいろいろな考え方を知ることができる。その後，学級全体の話し合いを行い，事象の意味づけを話し合った。

ただし，ここでは，出てきた意見をまとめることはせずに，多様な考えを併記するにとどめた。児童が自分に合う考えを選びやすくさせるためである。

写真２　小集団で意見交換

4）ワークシートを加筆・修正させる

多種多様な意見が出た後で，いよいよワークシートに自分の考えをまとめる時間となった。ここでは「予想の時に書いた説明に追加や修正をしなさい」という指示をした（図３）。

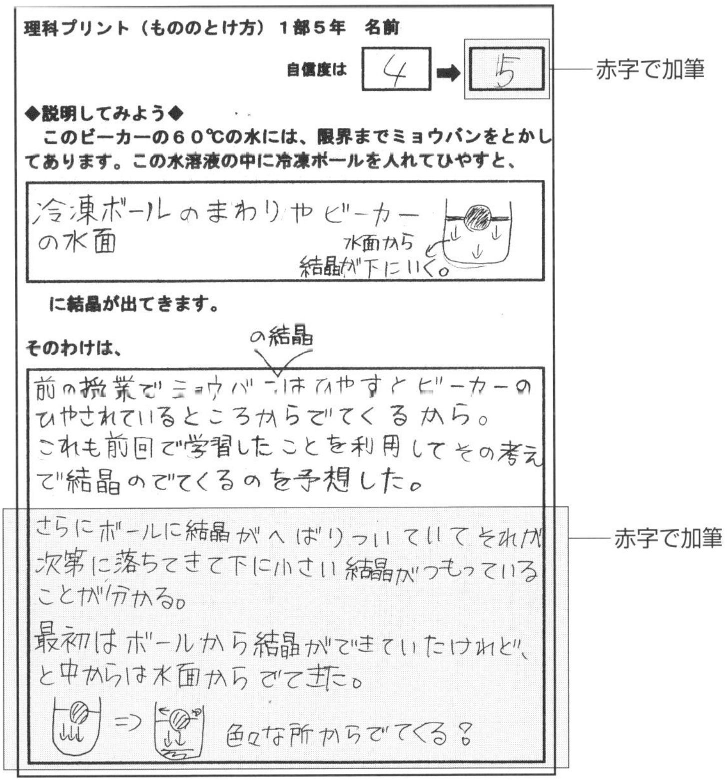

理科プリント（もののとけ方）１部５年　名前

自信度は　4 ➡ 5

◆説明してみよう◆

このビーカーの６０℃の水には，限界までミョウバンをとかしてあります。この水溶液の中に冷凍ボールを入れてひやすと，

冷凍ボールのまわりやビーカーの水面　水面から結晶が下にいく。

に結晶が出てきます。

そのわけは，

前の授業でミョウバンの結晶はひやすとビーカーのひやされているところからでてくるから。
これも前回で学習したことを利用してその考えで結晶のでてくるのを予想した。

さらにボールに結晶がへばりついていてそれが次第に落ちてきて下に小さい結晶がつもっていることが分かる。
最初はボールから結晶ができていたけれど，と中からは水面からでてきた。
色々な所からでてくる？

図３　ワークシートの加筆・修正

その結果，A児は予想時の記述にさらに文章と図を追加して自己説明を行った。さらに，A児は予想時よりも自信度が向上した。現象の説明に自信を深めるとともに，学習した成果を記述の内容や量から自覚することができたのである。

④ “独りで創る”を促す指導のポイント

“独りで創る”という意味の“独創”を促す指導のポイントは，次の点である。

1）加筆・修正は赤鉛筆で行う

この授業の終末には，予想時に書いた自分の記述を見直し，加筆したり修正したりするように指示した。加筆・修正するときには，消しゴムを使わずに赤鉛筆で書くようにさせた。このような指導をすることで，この1時間の授業の中で，自分がどれだけの情報を取り入れて，自分の考えをまとめ直すことができたのかが，赤鉛筆で記述した分量によって明らかになるようにした。これらの記述には，児童一人一人の“学習後の理解状況”が明らかに外化されてくる。

写真3　赤鉛筆での加筆修正

2）事実に基づいて変化の意味を考える

実験結果を組み込んで修正するのはもちろんであるが，実験観察で得た結果についてどのように意味づけるのかを，注意深く考えることが大事である。「なぜそのような変化をしたのか」を可能な限り記述するように助言する。

ここで，その児童固有の見方や考え方が表出する。同じ事象を観察しても，その意味づけが異なるのはそのためだ。そのとき，他の児童と考えを比較し検討させることが大事だ。自身の見方を見直し，より妥当な見方へと修正が可能となるだろう。

3）学習後の自信度も調べる

最後に，シート右上の□枠に自信度を表明させて，学習の変容を自覚させる。予想と比べて自信度がどう変容したかを自覚することで，理解への自覚が強まるだろう。

❷“独りで創る”ための言語活動を組み込んだ授業モデル
単元名：第４学年「水の３つの姿」～水を加熱したときの温度変化～

（佐々木実践）

①「問題」と「答え」の関係

1）「問題」と「答え」の関係を明確にする

例えば，「重さくらべができる天秤を作ろう」「磁石に付く物と付かない物に仲間分けしよう」といったレベルの“学習のめあて”ならば，「天秤ができた」「仲間分けができた」という学習のゴールは明確である。子どもたちは，ゴールにたどり着くまでの過程で，様々な学習内容を習得することになる。

しかし，問題解決的な学習を教師が意識しているにも関わらず，「物の形を変えて重さを調べてみよう！」という具合に調べる活動自体を「問題」として設定しても，その問題に整合した「答え」を表現することはできない。無理に表現するなら，その語尾表現は「調べた」となってしまい，問題の解決には至らない。

そもそも「調べよう」というのは，問題意識をもった子どもが具体的に何をどのようにして調べたらよいかが分かった上で抱く心情であり，解決すべき問題自体とは別である。だから，「形を変えると，物の重さはどうなるか？」と，ストレートに発問し，そのまま「問題」として板書した方が，子どもは「答え」としての考察を表現しやすくなる。

2）「主語」と「述語」を近づける

ここで注意すべきことが１つある。それは，主述の位置である。

問題Ａ	：物の重さは，形を変えるとどうなるか？
答えａ	：物の重さは，形を変えても変わらない。
問題Ｂ	：形を変えると，物の重さはどうなるか？
答えｂ	：形を変えても，物の重さは変わらない。

「Ａ－ａ」の問題と答えは，「物の重さは」という主語を前に置き，「形を変える」という変数を中に位置づけている。一方，「Ｂ－ｂ」の問題と答えは，「形を変える」という変数を前に置き，主述をつないだ答え（結論）の部分を最後に位置づけている。子どもは，主語と述語の位置が近い「Ｂ－ｂ」の組み合わせの方が，「答え」を書きやすいと言う。

主述を明確にして答えを記述できる表現力育成については，今後，理科でも重視していく必要がある。国際学力調査（TIMSS）の場合，主語が書かれていない文章は不正解とされてしまうという。確かに日本語は，主語を省略して記述することがある程度許容されている言語である。「形を変えると，物の重さはどうなるか？」の問題に対し，「変わらない」と端的に答えを結論としてまとめたいところだが，それは日本人同士のみに成立する意思疎通と言える。

今後，国際社会においてコミュニケーション能力を発揮していくためには，時と場所に応じて主述を明確にして表現できる力が必要である。そのためにも，その時間に子どもたちに意識させたい「問題」はきちんと板書し，「問題」の表現に整合した「答え」との関係は，子どもが表現しやすいようにする配慮が求められる。

3）直接に問う

授業で設定される理科の学習問題は，「直接的問題」と「間接的問題」に分類することができる。前述した問題「形を変えると，物の重さはどうなるか？」は，「形を変えても，物の重さは変わらない」という学習内容に直接関わる「答え」を導き出すことができる意味で，「直接的問題」となる。

一方，同じ重さの粘土を幾つか用意し，それぞれを「平らにする」「ねじる」「切る」「まるめる」「あなをあける」という方法で形を変えて重さ比べをするとする。ここで設定される問題は，「粘土の重さの順番はどうなるか？」である。最終的な「答え」は，「粘土の重さの順番は，みんな同じになる」である。問題解決のゴールにある「答え」よりも，その過程で，「形の変えても，物の重さは変わらない」ことに気付かせることを重視した指導と言える。つまり，「間接的問題」である。

ここで気になることがある。間接的問題の場合，本時のねらいに直接結びつく考察を「書き言葉」として言語化させなかったことへの不安である。「粘土の重さの順番はみんな同じ」という実験の結果がゴールとして強調されるあまり，本来の科学のきまりの理解，習得が甘かったのではないか。実際，授業は盛り上がったけどテストができなかったという報告は，よく耳にするところである。

そこで，「“独りで創る”授業」においては，習得すべき学習内容に関わる言語活動を授業の終末部分に設定できるよう，直接的問題を設定し「直接に問う」ことを原則とした。

②　考察文を書く

○「自然の事物・現象」を３つに切り分ける

何かを他者に伝えようとする時，私たちは意識的にも無意識的にも，その内容をいくつかの「まとまり」に切り分けて表現しようとする。例えば次のようにである。

「あのね，最初に縄跳びをして遊んでいたんだけど，おもしろくなくなってやめたの。そしたらＡくんがお菓子をくれたんだけど，そのお菓子がとってもおいしかったんだよ。それから家に帰ったの……」

もちろん，だらだらと一文で表現することもあるが，内容をいくつかに分けて表現した方が，相手に正確に自分の考えが伝わることを，子どもたちは経験的に学んでいる。国語教育でも，物語教材を「場面」に分ける。説明文教材は「意味段落」に分ける。さらに作文指導では，「序論・本論・結論」とおよそ３つに分けて表現させる。

この基本中の基本である「切り分ける」という見方や考え方は，そのまま理科教育における「言語活動」に応用できる。子どもたちは，「自然の事物・現象」を切り分けながら自分の考えを表現する過程で，考えを整理し，さらにその過程で自分にとって不理解な情報を自らの判断で補充していく。そして，結果としてできあがった「考察文」は，子どもの「科学的な思考」を評価するにたえられるものとなっていく。

例えば，**図４**の「ヘチマの観察カード」は，以下の指導で作成させたものである。

①子どもたちが書き込んだメモの中から，「発見ベスト３」を選ばせる。
②共通の「問いの文」を書かせる。
③「発見ベスト３」を，「まず」「次に」「そして」の接続詞を使って３文で表現させる。
④「まとめ」の文を書かせる。

もちろん，「３つ」にこだわる必要はなく，子どもが望めば，４つ，５つと増やして表現させてもかまわない。「３つ」という数は，情報を取捨選択する必然性を高めるための方法の１つである。

これまでの指導なら，「ヘチマには，今まで知らないとくちょうがあってびっくりしました」「これからも元気に育ってほしいです」といった，心情面を表現した内容のオンパレードであった。しかし，そのような感想を書かせることが，理科教育にとって，それほど大きな意味があるとは思えない。理科教育において重視すべきは，他者と共有できる科学的な表現力の育成である。ただ話させればいい，ただ書かせればいいで育つはずはない。

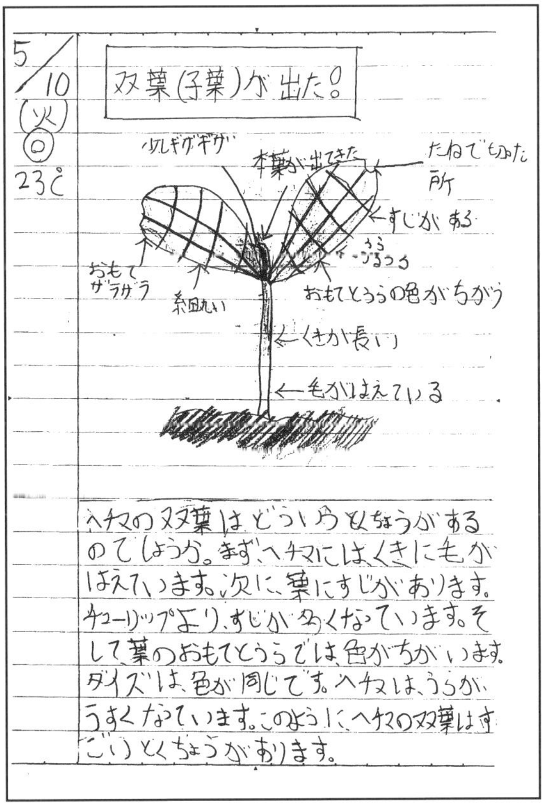

図４　ヘチマの観察カード

③　事例「水の３つのすがた」（第４学年）

本単元では，水を温めたり冷やしたりしたときの「状態変化」，さらに「温度変化」を調べる活動を行う。本稿では，「温度変化」の学習場面を例に，前述した「“独りで創る”授業」の概要を述べる。

1）温度変化の違いを比べ言語化させる

まず，４つの温度変化を示すグラフを教師から提示し，それぞれの温度変化の違いについて話し合う（**図５**）。すると，「同じように上がっていく」「だんだん上がりにくくなっていく」「だんだん上がりやすくなっていく」というグラフの読み取りに関わる言葉が出てくるので，すべてを板書しておく。ここで板書された言葉は，授業の終末部分で子どもたちが考察文を書くための情報源となる。

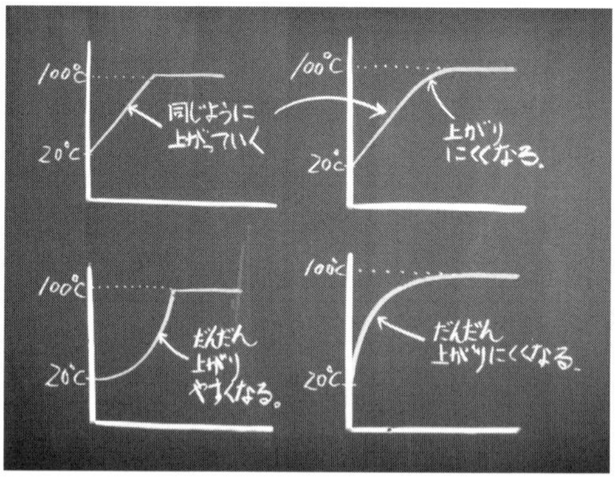

図５　４つの温度変化の違い

2）温度変化を３つに分けさせる

次に，どのグラフが実際の水の温度変化に近いかを予想させ，実験で確かめる。

水を温めて沸騰するまでの温度変化を，折れ線グラフで記録させると同時に，黒板の表にも温度変化を数値で記録させていく。教師は，すべてのグループのデータをコンピュータに入力（Excel）していく。

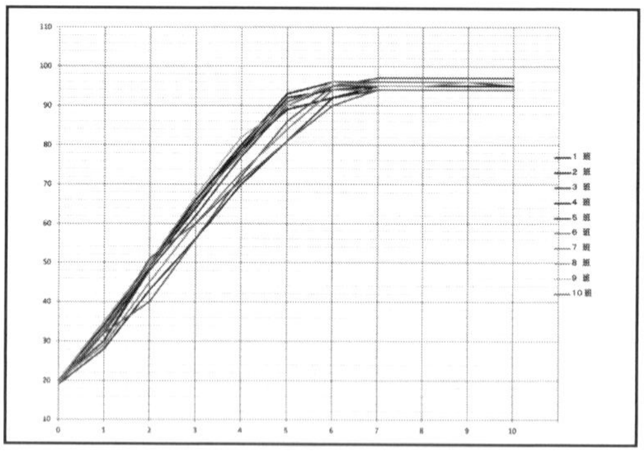

図６　温度変化の傾向

実験が終了した後，すべてのグループの折れ線グラフを重ねてプロジェクターで黒板に直接映す。すると，**図６**のような結果が得られ，温度変化の傾向が一目瞭然となる。そして，子どもたちに次のように問う。

「折れ線グラフを見ると，温度の変わり方を３つに分けることができます。どこで分けられますか。自分がかいた折れ線グラフに線を引きなさい」

子どもたちは，およそ90℃近くまでの部分と，100℃近くで沸騰するまでの部分，そして，100℃近くで温度が変わらない部分の３つに分ける。

子どもたちが3つに切り分けた部分それぞれが，どのように温度変化しているのかを発表させていく。子どもたちは，授業の導入部分に板書された言葉を参考に表現することになる（**図７**）。

3）考察文を書かせる

３つに切り分けたそれぞれに，「まず」「次に」「そして（最後に）」の接続詞を付けて考察文を書かせる。

> **水を温めると，温度は次のように変化する。**
> **まず，時間がたつと温度はどんどん上がっていく。**
> **次に，90℃近くで温度は上がりにくくなる。**
> **そして，100℃近くになると，もうそれ以上，温度は上がらなくなる。**

観察できた現象を「３つに切り分ける」ことは，水を冷やした時の温度変化の考察文にも適用できる。急激に温度が下がっていく部分，０℃近くで温度が変化しなくなる部分，温度がまた下がっていく部分である。そして，温度が変化しない部分こそ水が凍り始め，そして凍り終わるところであることに子どもたちは気付いていく（図８）。

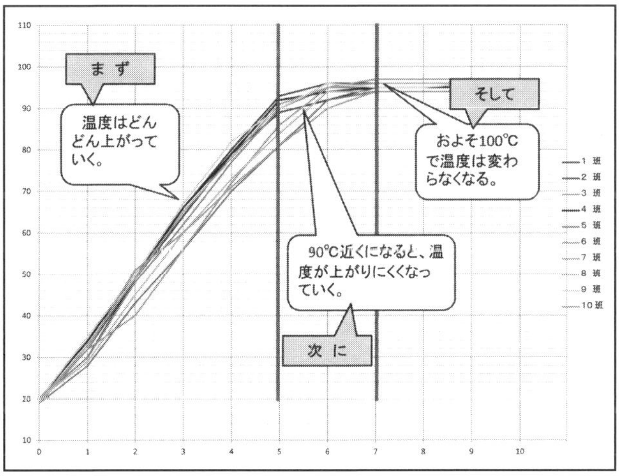

図７　温度変化を３つに分ける

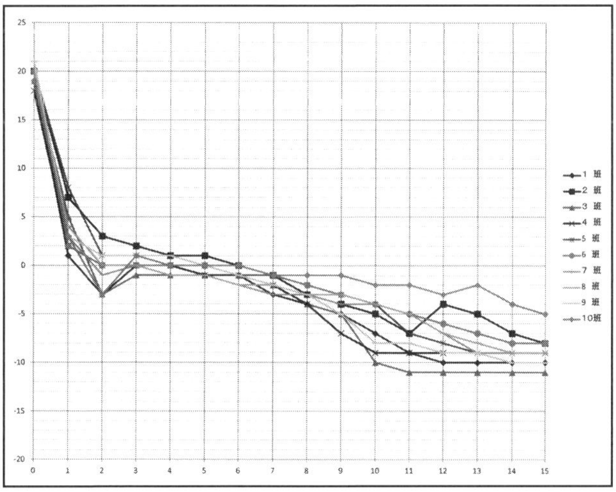

図８　水を冷やしたときの温度変化

4）理科説明文を書かせる

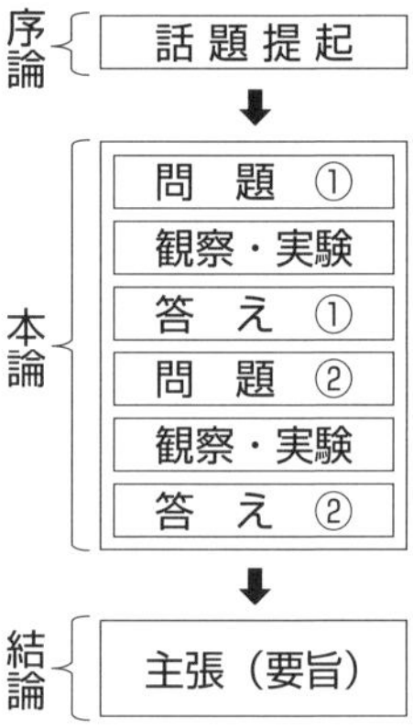

図9　説明文の構造

国語の学習で用いられる説明文の学習材には，**図9**のような構造をもっているものが多くある。そこで，その形式を活用し，普段の作文指導の中で，理科で学習した内容をレポート（説明文）にまとめさせる。

すると，授業での子どもの理解度の実態が明らかになっていく。レポートを書こうと思ってもうまく書けないことに子ども自身が気付いた時，これまでの「分かったつもり」を自覚し，自分が不理解な部分を埋めようと新たな学びをスタートさせる。教科書やノートをもう一度読み，友達と話し合いながら，自分が不理解だった部分を補充していくことになる。

この過程で子どもたちは，自分の理解度を的確に自己評価し，さらに相互評価し合いながら，友達が必要な情報を積極的に提供するとともに，積極的に自分の表現へと活かしていく。つまり，“独りで創る”場として成立することになる。

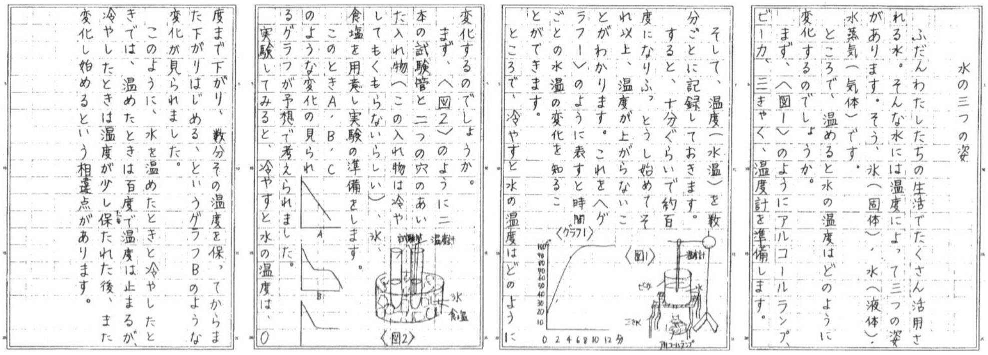
水の三つの姿
ふだんわたしたちの生活でたくさん活用される水。そんな水には温度によって三つの姿があります。そう，氷（固体），水（液体），水蒸気（気体）です。
ところで，温めると水の温度はどのように変化するのでしょうか。
まず，〈図１〉のようにアルコールランプ，ビーカ，三きゃく，温度計を準備します。
そして，温度（水温）を数分ごとに記録しておきます。
すると，十分ぐらいで約百度になりふっとうし始めてそれ以上，温度が上がらないことがわかります。これを〈グラフ１〉のように表すと時間ごとの水温の変化を知ることができます。
ところで，冷やすと水の温度はどのように変化するのでしょうか。
まず，〈図２〉のように二本の試験管と二つの穴のあいた入れ物（この入れ物は冷やしてもくもらないらしい），氷，食塩を用意し実験の準備をします。
このときA，B，Cのような変化の見られるグラフが予想で考えられました。
実験してみると，冷やすと水の温度は，０度まで下がり，数分その温度を保ってからまた下がりはじめる，というグラフBのような変化が見られました。
このように，水を温めたときと冷やしたときでは，温めたときは百度で温度は止まるが，冷やしたときは温度が少し保たれた後，また変化し始めるという相違点があります。

図10　理科説明文（リポート）

3 成果と課題

(1) 成　果

「『独創』の教育」における「独創」を“独りで創る”と解釈したことによって，現在の理科教育が抱える問題を浮き彫りにすることができたこと，さらに，その解決への見通しをもつことができたことが，大きな成果として挙げられる。

まず，これまでの授業では，あまりに集団思考が優先されがちだったことが問題であった。しかし，言語活動を初めとした子どもの「表現」の事実に視点を当てることで，子ども一人一人の「科学的な思考力」を評価できる可能性を見いだすことができた。

次に，これまでは導入部における話し合い活動に，あまりに時間をかけ過ぎていたことが問題であった。しかし，授業の終末部分における子どもの表現活動を設定することによって“独りで創る”ことを子どもに求めたとき，必然的に導入部における指導の簡略化が図られることになった。

さらに，理科教育の中だけで授業を語りがちだったという問題が見えてきた。他教科部の提案との比較によって類似点や差異点が明確になる過程で，理科教育がこれから求める“独りで創る”資質・能力を身に付けた子ども像を明確にすることができた。

成果をもとに，「指導法の核」を位置づけた授業展開のモデルを以下に示す。

① 問題の把握	・「問題」と「答え」の関係の明確化
↓	
② 仮説の設定	・混沌の場の意図的設定 ・「自信度チェック」の導入 ・個々が事物現象に触れながらの予想
↓	
③ 観察・実験	
↓	
④ 結果の確認	
↓	
⑤ 考　　察	・関係づけの認識方法の育成 ・協働的な学びの後の個々の振り返り ・「自然の事物・現象」の３つの切り分け
↓	
⑥ 活　　用	・「自己説明（説明活動）」の場の設定

(2) 課　　題

研究テーマにある「『独創』の教育」の「独創」を“独りで創る”と解釈したが，具体的な授業づくりにおいては，実践者によって大きなズレが生じていることは否めない。そのズレが，研究成果を共有する上で大きな壁になったことは事実である。

特に，子どもの具体的な表現の事実から子どもの「独創」を評価するためには，「何を，どのように表現させるか」が大切となるが，授業との接点にある具体的な評価方法は，未だに不明確のままである。

しかし，客観的な評価に限界があることは，これまでの評価研究で多くの教師が経験していることである。客観性を強く求めれば求めるほど，評価規準・基準，そして，評価方法は形骸化へと進むリスクを背負うことになる。「『独創』の教育」における評価が，そのような方向へと進まないためにも，具体的な子どもの表現の事実に基づく評価の在り方について研究を進めていかなければならない。

いずれにしても，子どもの表現の事実をどう評価し，子どもの変容的向上を導く指導へとどうつないでいくかは，いかなる研究テーマであろうが，私たち教師に常に課せられる研究内容である。『研究紀要～第68集～』で，「“独りで創る”授業」における評価の在り方について，少しでも明らかにしていくことができればと思う。

5 音楽科の「『独創』の授業」

1 音楽科の「『独創』の授業」像の構築

(1) 音楽科における，具現化したい「独創」の学びの姿

音楽科における「独創」の学びの姿
① それまでに培った音楽のあらゆる知識や技能を駆使して，自分（たち）の力で，かつ自分（たち）なりに，音楽表現をしたり音楽を聴いたりしている姿。
② 友達と関わりながら，自分（たち）の音楽表現を再考し，常にいい表現を目指そうとしている姿。
③ 友達の音楽表現や音楽の聴き方を認め，多様であることの価値を感じている姿。

「独創」する姿の中に「自分（たち）」というように，（たち）という複数形の表現がある。本研究は，子ども個人にスポットを当てたものではあるが，音楽科の場合，様々な規模のグループで音楽活動をすることが多い。それが音楽科の特徴とも言える。グループの「独創」を通して，子ども個人の「独創」を見ていくことも大切な視点と考える。「自分（たち）」という表現は，そんな意味をもっている。

私たちは，子どもが「独創」する姿を求めて次のような授業づくりの視点をもった。

音楽科における「『独創』の授業」づくりの視点
① 〔共通事項〕を意識して，確かな音楽的な力を子どもに身に付けさせる授業。
② 仲間との関わりの中で，子ども個々の活動を大切にした授業。
③ 教師の役割をより明確に意識した授業。

このような授業を通して，子どもたちはどのような力をつけるのだろうか。その具体について次のように考えた。

音楽科における「『独創』の授業」で育む資質・能力
① 音楽の基礎的，基本的な技能や知識，またはそれらを駆使できる力（音楽力）。
② 音楽表現や，友達との感じ方，考え方の小さな差異に気付く力（比較認知力）。
③ 既成の概念にとらわれず，新しいアイデアを生み出そうと試行錯誤し挑戦する力（挑戦力）。
④ 自分の考えを生かしつつ仲間と協力して活動する力（調整力）。

(2) 音楽科の「『独創』の授業」を支える条件

4年間にわたった本研究であるが，2年次に“「『独創』の教育」の授業づくりの条件を探る”をサブテーマにした取り組みがあった。音楽科でつくる「独創」の授業においては，授業づくりの条件として大きく以下の3つを提案した。

> **① 教材の条件**
> ア）子どもが意欲をもてる教材
> イ）子どもが自由に発想を生かせる余地のある教材（基礎・基本の定着を目的とした学習との区別）
> ウ）子どもの常識を打ち破るような，特殊な教材の吟味
> **② 指導法の条件**
> ア）「即興的創造」の位置づけ
> イ）学習活動の条件設定と許容
> ウ）子どもの常識を打ち破るような，特殊な授業展開
> **③ 教師の条件**
> ア）教師の姿勢，態度

音楽科特有の授業づくりの条件について少々解説する。

「② **指導法の条件**」について。ア）の「即興的創造」という言葉は，造語である。新しい学習指導要領の解説では，音楽づくりの指導のねらいについて，次のように述べている。「音を音楽に構成する過程を大切にしながら音楽の仕組みを生かし，つくろうとする音楽について見通しをもって音楽をつくったりすること」（下線は筆者）。

音楽づくりの活動では，作品として発表できるような音楽表現ができるまでは，「産みの苦しみ」にもたとえられる過程が存在するはずである。ときには，教師から見ると遊んでいるようにしか見えないような，いろいろな可能性を試す時間がある。それは，音楽づくりという目的をもった即興的な創造的活動と見るべきだろう。これを「即興的創造」と名付けた。この時間を十分に確保することが，子どもたちの「独創」を育むことにつながると考えたのである。

「イ）学習活動の条件設定と許容」について。例えば音楽づくりの活動を行うとき，教師は必ず創作の条件を設定する。当然，子どもたちは与えられた条件の中で創作活動をする。しかしその際，子どもが音楽づくりのルールを多少変更してもよいのかと申し出てくる場合がある。一概には言えないが，子どもの「独創」を育むことを念頭に置くとき，教師が与えた枠を少々飛び出してでも新しい発想をしようとする子どもの姿は，むしろ望ましい姿である。

そこで本研究においては，教師の判断によって，子どもが申し出た音楽づくりのルール変更をある程度許容することの意義を提案する。

「ウ）特殊な授業展開」とは，教材と同様に，子どもが予想しないような授業の展開のことを意味している。例えば鑑賞の授業。一般的には，子どもたちが教師のガイドに従って音楽の諸要素などを聴き取ることに主眼がおかれる。しかし，まず音楽から思い浮かべることを自由に連想させ，体の動きで表現させ，なぜそのような体の動きになったのかを問う……という展開も考えられる。そうすることで，授業本来のねらいである音楽の諸要素や仕組みの感受に迫ろうとしているのである。音楽を体の動きで表現する際，また授業の最後にその子なりの音楽の感じ方を言葉で表現する際に，子ども個々の「独創」が発揮されるのである。

「③　**教師の条件**」について述べる。これは，①や②の条件にも共通して必要な要素ととらえている。教材の開発，指導法の工夫などは，すべて教師がすることである。教師が常に，子どもにとって興味深い教材開発を意識する，おもしろい授業展開を意識する，などの姿勢はとても重要である。教科書の指導書などのようなマニュアルに頼っているばかりでは，子どもの「独創」を育てることも難しいだろう。

また，ちょっとした教師による言葉がけ「それ，おもしろいね」が，子どもの即興的創造を勇気づけるかもしれない。このようなよい「独創」の芽吹きを見取り，勇気づけることも教師の大きな仕事と言える。

これら教師の在り方は，取り立てて条件として挙げる必要はないのかもしれない。教師としてこれくらいのことは当然できなければならないことだからだ。しかし，「独創」という視点で子どもや授業を見るとき，新たな教師の意識改革が必要だと考え，あえて条件として提案した。

(3)　音楽科の「『独創』の授業」の核となる指導法

音楽科では，「『独創』の授業」の指導法の核として以下の３点を挙げた。

① **「混沌」の意図的設定**
② **「関係づけ」の認識方法の育成**
（以上２点は，研究企画部が提案したもの）
③　**教師の言動の明確化**
・子どもの「独創」を促す発問の工夫
・子どもの表現に対する対応力

「③　**教師の言動の明確化**」は，音楽科独自の視点で提案するものである。あえてこの項を起こしたのは，次のような理由による。

これまでの音楽科の授業では，「○○の演奏の仕方を工夫しましょう」「発表しましょう」「感想を言いましょう」などのいわゆる教師による「指示」が多くなされてきたように思われる。それに比べて，子どもの「独創」を引き出そうとするような「発問」については，授業研究の場ではあまり多く語られてこなかった。それが理由の1つである。

そしてもう1つ。音楽科の場合，子どもが音楽表現の工夫をする場面が多いが，例えばグループで，例えば個人で音楽表現を工夫したとき，教師はそれぞれの子どもにどのように声がけしているだろうか。「あなたの表現のこういうところが素晴らしい」とか「ここをこうしてみてはどうかな？　もっと表現が○○になると思うよ」などの評価や助言は子どもを勇気づけ，自信やさらなるやる気を引き出すことにつながると思われるが，音楽科の場合，そのような「子どもの表現に対する対応」に授業研究のスポットが当てられたことはあまりなかったと思われる。このことも③の項を起こした理由である。

なお，「**①『混沌』の意図的設定**」，「**②『関係づけ』の認識方法の育成**」については，実践例の中で解説する。

(4)　発達段階を考慮した「『独創』の授業」像

本研究で言う子どもの「独創」する姿には，様々な様相があると考えられる。小学校教育は6年間という長期間にわたり，当然，入学期と卒業期では，能力，また目指す姿に大きな差がある。前掲した「独創」を発揮している姿に近づくには，その前提としてあるべき姿というものも想定しなくてはならないだろう。すなわち学年の発達によって目指す「独創」の姿にも差があるということだ。そのことを**表1**に示す。

表1のグラデーションに色づけされている部分について説明を加える。1年生であっても上学年において目指す「独創」の姿が発現する場合もあるし，上学年であっても学習の内容によっては，下学年で行うようにみんなで一緒のことをすることも十分に考えられる，ということをこのグラデーションは示している。6学年分，きっちりと「目指す『独創』の姿」を示すことができないのも本研究の特徴と言えるだろう。

表1　学年の発達と目指す「独創」の姿

	下学年	上学年
目指す独創の姿	・みんなで一緒のことをする ・一人のアイデアをみんなで試す ・友達の表現を参考にする ・自分なりの思いをもつ	・自分の力で音楽表現を発想し，実際に表現する ・自分なりの音楽の聴き方をする ・自分の表現などを再考する
学年の発達と「独創」の姿の現れ		

(5) 音楽科の「『独創』の授業」における評価

一人の子どもが，どのように「独創」の姿を発揮しているかについて評価するには，大きく下に挙げる３つの方法が考えられる。

> **①　教師による観察**
> **②　ワークシートなどの見取り**
> **③　子どもたちによる相互評価からの見取り**

特に大切なのは，「**①　教師による観察**」と，「**③　子どもたちによる相互評価からの見取り**」である。例えば，前の項でも触れたように，子どもが音楽表現の工夫をしているとき，「それ，いいね」と評価したり，「ここをこうしてはどう？」などと助言したりすることは，子どものよりよい「独創」を促すことにつながる。これは，教師がしっかりと子どもを観察していなければできないことである。子どもたちの活動を見るというとき，どのような視点をもって何を観察し，評価するのかを明らかにしておく必要がある。つまり教師の確かな観察眼を養うことが大切なのである。

しかし，すべての子どものすべての学習状況についてつぶさに観察できないことも事実である。そこで，子どもたちによる相互評価からの見取りも大切にしたい。

図１は，５年生の「白鳥」の鑑賞題材で，ボールを使って身体表現をつくる活動をした際の相互評価カードである。

カードからは，「主な動作の案は○○さんが出しました……」という記述がある。40人が在籍しているクラスであれば，40人分の評価カードが集まる。それらを見取ると，見事に子どもたちが相互に「独創」の姿を評価し合っていることが分かる。そしてときには，教師による観察で見落とされた部分についても，スポットが当てられることもある。

こうして，より信頼性と妥当性の高い評価活動を行うことが大切だろう。

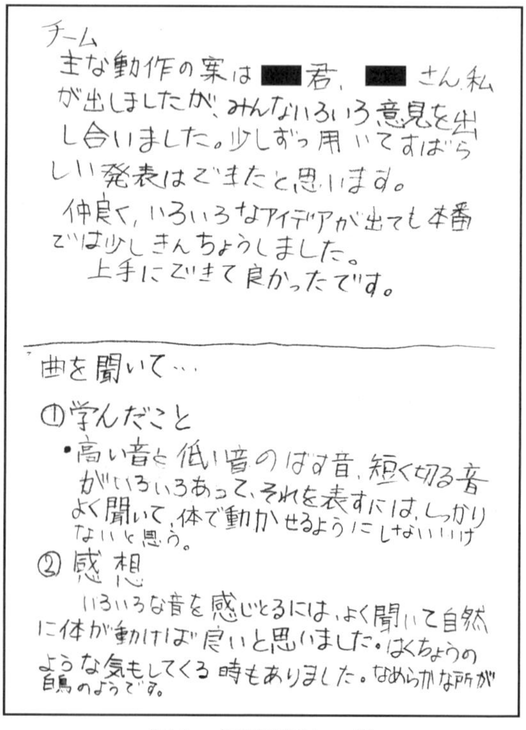
チーム
主な動作の案は[redacted]君、[redacted]さん、私が出しましたが、みんないろいろ意見を出し合いました。少しずつ用いてすばらしい発表はできたと思います。
仲良く、いろいろなアイデアが出ても本番では少しきんちょうしました。
上手にできて良かったです。

曲を聞いて…
①学んだこと
・高い音と低い音のはね音、短く切る音がいろいろあって、それを表すには、よく聞いて、体で動かせるようにしっかりしないいけないと思う。
②感想
いろいろな音を感じとるには、よく聞いて自然に体が動けば良いと思いました。はくちょうのような気もしてくる時もありました。なめらかな所が白鳥のようです。

図１　相互評価カード

2 音楽科の「『独創』の授業」像の提案

音楽科における「『独創』の授業」像は図２のようにモデル化できる。

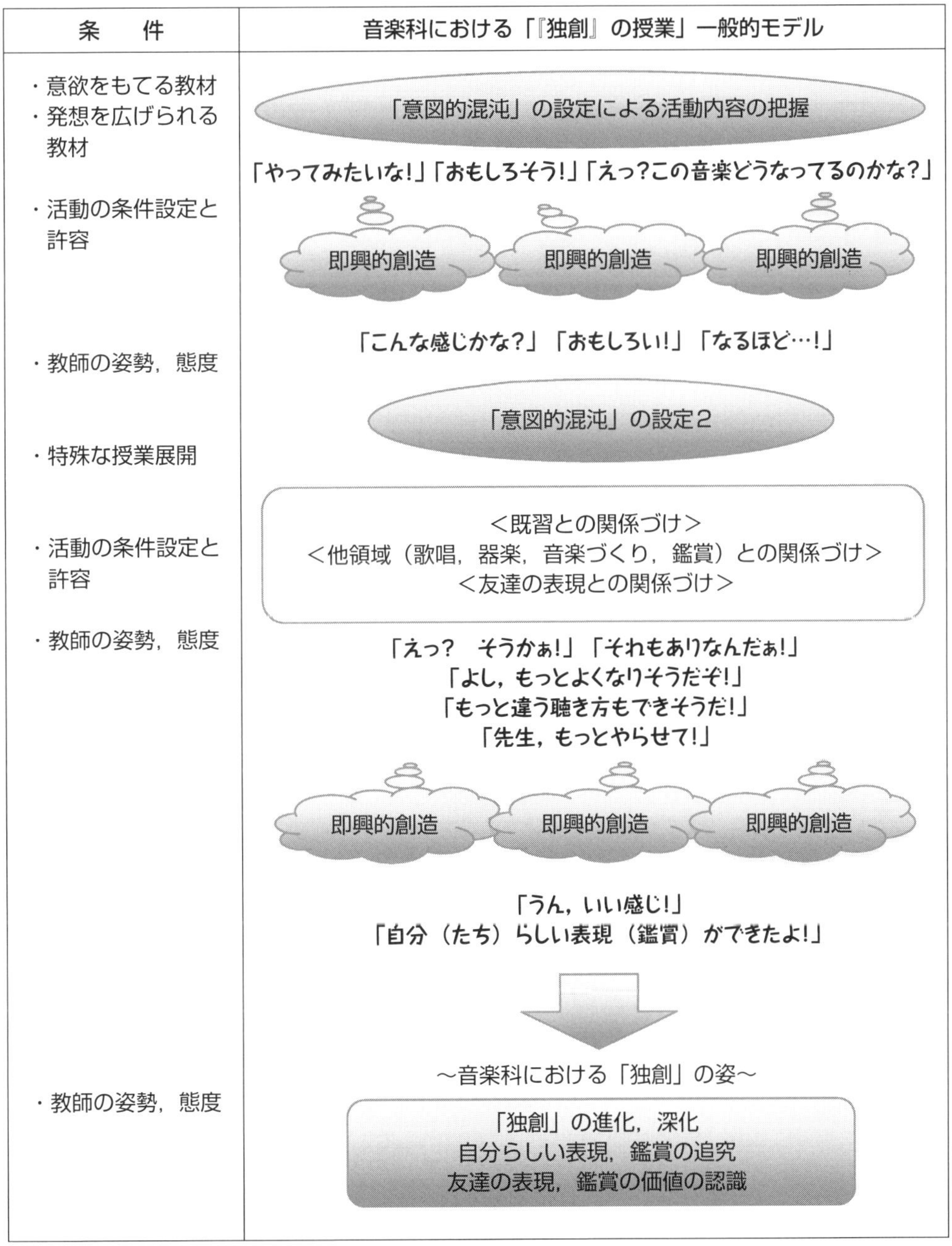

＊この図は，子ども個人，及びグループの学習展開を時系列に示している。
＊意図的混沌の設定，及び即興的創造の場面，関係づけの場面では，指導法の核の１つである「教師の言動の明確化」が重要な鍵となる。

図２　音楽科における「『独創』の授業」像

3 音楽科における「『独創』の授業」の具体と実践

❶ 中学年 「意図的混沌」を設定した実践例
題材名：第3学年「『じゅげむ』の音楽をつくろう」（音楽づくり）
指導時数：5時間

写真1 打楽器で「じゅげむ」を表現

グループで1つの音楽をつくるのが主な活動である。

一般的に言って，音楽づくりの授業は，例えば「問いと答え」の手法を使って，身近な打楽器で音楽をつくりましょう，というように手立てをかなり厳密に提示してから子どもたちが動き出す場合が多い。しかし，本実践ではそうはしなかった。教師が出した指示は「みんなが知っている『じゅげむ』の名前があるよね。あの名前で音楽をつくりましょう！」である。

この指示を聞いた子どもたちは，頭の中に「！」（びっくり！）や「？」（どうやって？）が浮かんだようだった。次いですぐに質問が出された。「楽器を使ってもいいの？」「どんな楽器を使ってもいいの？」「体だけで音楽をつくってもいいの？」「打楽器だけ使ってもいいの？」などなどである。

まさに混沌とした状況が生まれた。教師はそれぞれの質問に丁寧に答えた。しかしなるべく子どもの自由度を高く，子どもたちがやってみたい，挑戦してみたいと思っていることは叶えるように心がけた。すると，子どもたちは「おもしろそう！」「よし，やってみよう！」「私たちだけのじゅげむをつくろう！」と勢いよく動き出したのである。

これは，1つの「意図的混沌」設定の例である。実践の結果，ボディパーカッションだけでじゅげむの名前を表現したグループ，打楽器だけで表現したグループ，リコーダーでわらべ歌風にじゅげむを表現したグループ，音楽室の木の椅子だけで表現したグループなど，「独創」する姿が見られた。

しかし，ここで添えておかねばならないのは，**1(3) 指導法の核③「教師の言動の明確化」**（P.86）にも関わる教師の目論見である。単に「じゅげむの音楽をつくろう」と言っても，そこには様々な教師の見通しが存在していることは，「独創」の授業を成立させるために重要な鍵である。例えばなぜ「じゅげむ」なのか，である。じゅげむはどの子にもなじみの深い落語で，大方の子どもがじゅげむの名前をそらんじている。これが「音楽をつくれそうだ！」という子どもたちの見通しを生む。それからじゅげむの名前は日本語独特のリズム七五調をとらない。しかし長さはばらばらながら，フレーズはかなりはっきりしている。この独自のフレーズ感が，面白い音楽をつくるきっかけになるという教師の見通しがあった。それから，表現の手法などについても教師の見通しがあった。それまでの授業で，例えばボディパーカッションを経験していたり，わらべ歌で使われている音階を使って絵描き歌をつくったり，様々な打楽器で即興演奏を楽しんだり，言葉のリズムを音楽表現につくり変えたりしてきたのである。だから「じゅげむの音楽をつくろう」という，たったこれだけの指示で子どもたちが前向きにトライできたのである。

以上，意図的混沌の設定の実践例を紹介した。落語を音楽に，という活動の設定が様々な音楽表現を生み出すきっかけになるという例である。

❷ 中学年 「教師の言動の明確化」を設定した実践例

題材名：第４学年「『カリンカ』の音楽を楽しんで聴こう」（鑑賞）

指導時数：１時間

第４学年の鑑賞。ロシア民謡の『カリンカ』を鑑賞する授業である。教師が設定した授業のねらいは，「速度の変化を感じ取らせること」である。『カリンカ』は，４拍子の音楽で，印象的な旋律が速度を増して繰り返される。いったん音楽が止まったかと思うと，再びゆっくりした旋律が速度を増しながら繰り返される。速度の変化を味わうことのできる楽曲である。

授業のねらいを達成させるために「今日は速さが変化する音楽を聴きますよ。どのように変化するか聴きましょう」と指示する方法も考えられる。しかし，これでは鑑賞した後に，「さぁ，どのように速さが変化しましたか？」という発問をすることになるだろう。すると子どもたちは「だんだん速くなりました」と答えるだろう。

ここに「おもしろさ」「楽しさ」を感じるだろうか。また速度が速くなることを真に「感じ取る」ことになっているだろうか。真に速度が速くなることを感じ取らせるために，授業展開の何かを工夫しなければならないのではないか。

そこで，４拍子の指揮のような動作をさせながら『カリンカ』を鑑賞させることにする。はじめはゆったりと大きな動作で４拍子を振っていた子どもたちが，だんだん速くなっていく音楽についていけなくなって，しまいには笑いが起こるようになる。

写真２ 指揮のような動作

音楽が終わったところで，教師は次のような発問をする。「みんな，どうして笑っているの？」この発問は，およそ音楽の内容とはかけ離れているように思われる。しかし，子どもたちから返ってくる答えは「だって，音楽が速くてついていけないんだもん」である。子どもが，音楽が次第に速くなっていることをおもしろいと感じている表れである。

このとき，教師は「そうかぁ，この音楽は『速い』んだね」と言って，「速い」と板書した。すると，すかさず他の子どもが「いや，速いんじゃない。だんだん速くなるんだよ」と発言した。

このように本事例では，「どうして笑っているの？」という発問が，授業のねらいに結びついた。教師の役割が授業の成否に大きく関わるという事例である。

しかしながらこの展開では，子どもの「独創」する姿は何一つ見えない。実は，この『カリンカ』，授業で扱った音源はＡＢＡの３部形式になっている。Ｂの中間部では，４拍子の指揮をさせるのではなく，動くことに関して子どもを自由に解き放した。そのとき，体を動かす子どももあれば，じっと聴いている子どももいた。子どもは意識せずにそのような反応をしているのだろうが，実はこの場面に子どもの「独創」を見ることはできないだろうか。自然と自分らしい音楽の受け止め方をしているのである。教師は，それら子どもの反応を評価しながら，個々のよさを全体に広めたり授業の展開に生かしたりできるのである。結果として，子どもたちの「独創」の姿をよりよく高め，引き出すことにつながるのである。

❸ 中学年 「学習活動の条件設定（枠決め）と許容」を意識した実践例
題材名：第４学年「コール＆レスポンスを使った音楽づくり」

指導時数：４時間

２人１組になり，コール＆レスポンスを使った音楽づくりをする活動である。即興演奏や音楽づくりの活動時に，どのような条件を設定したのか，また，どこまでを許容範囲にしたのかを中心に述べていく。コール＆レスポンスとは，〔共通事項〕の問いと答え，反復にあたる。

まずリコーダーで即興演奏をした。ここで最初の条件設定の場面が生まれる。例えば，教師が，「自由に即興演奏してみましょう」とか「思うままに，好きなように即興演奏してみましょう」と指示を出したとする。しかしこの指示では，音楽的に何を自由にするのか，子どもたちが何を操作して即興演奏するのかが不明確である。そこで，使う音を１音に絞り，１人１小節という枠を設けた（条件設定）。これで，子どもたちが自由に，好きなように操作できるのは，「リズム」が中心となる。一見，枠が狭いように感じるかもしれないが，あとの活動を考えると，最初は狭いほうが適していると判断したのである。

即興演奏を進めていくなかで，こんな場面があった。教師が与えた条件からはみ出そうとする子が現れたのだ。全員がソの１音だけで即興演奏している時に，ソ以外の音が聞こえてきた。周りの子どもたちは，「何か違う音が聞こえてきた，ルール違反だ」と言った。しかし，別の子は「音が増えるとおもしろいね」と発言した。それまでの１音だけの世界から２音の世界へと変わったのだ。無論「ルール違反だからやめなさい，ソ以外の音は吹かないこと」と言うこともできる。が，ここでは条件の拡大を許容することで，「独創」する子どもの姿を引き出したいと考えた。

写真３　即興演奏

最終的に即興演奏では，使える音を６つまで（楽譜１），小節は４小節まで増やした。条件設定を段階に応じて変えることにより，使える音や表現できる小節が広がったときのおもしろさや喜びを実感することできた（楽譜１は１人１音１小節の例）。

楽譜１

場面は音楽づくりの活動に移る。２人１組になり，１人２小節ずつコール＆レスポンスをしていく。はじめのうちはそれぞれが即興演奏しているだけで，対話をしているようには聞こえない。ここで，「相手のマネをしてみよう」と指示した。すると子どもたちは，音もリズムも相手と全く同じように吹こうと努力する。さらに，「マネって相手とすべて同じように吹くことかな？」と問いかけた。すると，マネにもいくつかの種類があることに気がついた。子どもたちと話し合い，下の６つにまとめた。

①　リズムと音（すべて同じに）
②　リズムのみ（音は違ってもよい）
③　音のみ（リズムは違ってもよい）
④　終わった音から始める（しりとり）
⑤　強弱のみ（音やリズムは違ってもよい）
⑥　全体の雰囲気（音数，スタッカート，休符の使い方，明るい，暗いなど）

コール＆レスポンスは相手のマネをすることだけではない。他にも，相手と違うことをする，相手に答える，何も答えないなどがある。音楽づくりの活動では，相手のマネをすること，相手に何も答えないことを主に取り上げて，学習を進めた。

子どもたちは先ほど示した①～⑥を組み合わせて音楽をつくっていく。ここでは，条件が①～⑥のように明確に示されているので，混乱することなく活動することができた。いくつかの組から「①～⑥を組み合わせるときに，①→⑤→④ではなく，①⑤→②④→⑥の組み合わせ方をしていいか？」という意見があった。条件設定の場面では，①と⑤や②と④を一緒にして組み合わせることを想定していなかった。この場面でも，活動の条件を拡大することを許容することで，子どもたちの「独創」する姿を引き出すことができたと考えている。

❹ 高学年 「基礎・基本」の上に成り立つ「独創」を意図した実践例
題材名：第6学年「リズムの即興でアンサンブル」

指導時数：5時間

本活動は，長胴太鼓２台，締め太鼓４台を使ったリズムアンサンブルである。本題材の最終目標は，各自が即興でリズムをつくり，アンサンブルの中で表現できるようになることである。まずは，締め太鼓で地のリズムを打ち，長胴太鼓で下記の３種（ア～ウ）のリズムを打つことから始めた。これら３種のリズムを覚えて打てることが土台になる。「独創」は「基礎・基本」の上に成り立つという主張があるからである。

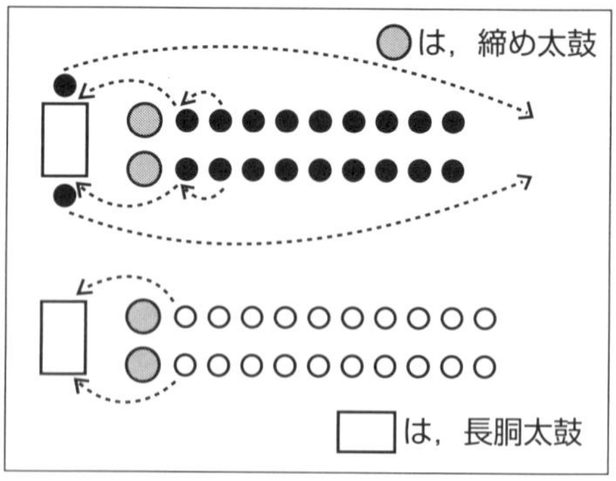

図３

〈基本とするリズム〉

ア　どーん　どーん　／どーん　どーん／どんどんどんどん／どんどんどんどん
イ　（どどんこ　どっこ　どっこ）×４
ウ　（どどんこ　どどんこ　どっこ　どどん　かっ）×２

次は，「リズムを選んで表現する」課題である。「選ぶ」ことも，「自分を表現すること」であるととらえての課題である。さらに，「意図して組み合わせる」「偶然の組み合わせを楽しむ」という課題を経て，「その場でリズムをつくって表現する（即興）」課題に進んだ。これら一連の流れの中で，その場で選んだ偶然の組み合わせを演奏者と演奏の順番を待っているクラス全員で聴いて楽しむこともねらいの一つであった。この一連の流れが「独創」の場をつくる。個の「独創」，ペアの「独創」，クラスの「独創」が，耳と目で確認できる活動となったと思う。

◯この実践を通して提案したかったこと

・「独創」は，基礎，基本を土台とした「オリジナリティー」である。

「新しく生み出す」にしても「新たな価値を付け加える」にしても，基礎・基本を土台としないものは，単なる「思いつき」の表現，あるいは，「でたらめ」な表現であるととらえている。「新発見」「新発明」といっても，必ず，この「土台」はあるはずであり，「独自の機能」「独自の考え方」といっても，この「土台」なくしてはありえない（仮にあったとしても，それは「教育」で考える範疇のものではないだろう）。例えば，一見難解なキュービズムやシュールレアリズムなどの美術作品が，「でたらめ」ではなく，「オリジナル」な表現として評価されるのは，基本的な考えや技法を通過した，あるいは，踏まえた上でオリジナル（独自）の考えに基づいて表現しているからであろう。

音楽も同じである。モーツァルトらしい表現といっても，そのオリジナリティーは，これまでの作曲家が築いてきた土台の上のほんの一部分にすぎない。ベートーヴェンだって武満徹だって，全くの新発見，新発明はない。そこで，この研究においても，まずは「基礎・基本」を土台に置かなければならないと考える。この部分をしっかりと設定した上で，個々の「オリジナリティー」，あるいは集団の「オリジナリティー」を育てていく方法を探ることが前提であると考える。

4 成果と課題

４年間にわたって音楽科における「『独創』の教育」研究を推進してきた。音楽科は「みんなで表現を揃える，感動を仲間と共有する」という教育の価値があり，また一方で「自分らしい音楽観をもつ」という価値もある。しかしながらこれまでの研究では，どちらかというと前者の「みんなで揃える」ほうに重点が置かれた内容が多かったように思われる。そんな中，子どもが「自分らしい」音楽観をよりよく形成していく過程を研究できたことが，本研究の大きな成果と言える。

課題としては，評価の方法が挙げられる。一人の子どもがどのように「独創」の姿を変容させていったかについて本研究で探ってきた。が，さらに信頼性と妥当性のある評価へ高めるための方法の開発については今後の研究に課題を残している。

6 図画工作科の「『独創』の授業」

1 図画工作科の「『独創』の授業」像の構築

(1) 図画工作科における，具現化したい「独創」の学びの姿

対象を見て，その形や色からくるよさを「美しい」と思う感性は，一人一人の子どものかけがえのないその子らしさである．そして，その同じものを見て互いに感じ取った情報を「心」を通わせ本気で行き来させることは，互いの人格形成に大きな影響を及ぼす。互いに「美しい」と思う感性を共有することで，かけがえのない互いの人格を認め合うのである。

授業での鑑賞活動における子どもたちの姿を顧みる。網膜に映る映像そのものは同じであっても，対象が発するメッセージや，それを受け取る個のイメージは一人一人異なる。互いの眼差しで感じ取ったそれらの差異を重ね合わせ再構成することが，授業での営みであり学級での新しい価値の創造である。結果，授業以前とは明らかに立ち位置が違う自分を子どもたちは感じることができる。

「家だとじっくり取り組め，楽しくできる」と，休み明け等に家で作った作品を，誇らしげに見せに来る子どもの姿がある。造形性は高いことが多いが，自己内解決で終わることがほとんどではないか。教室での授業は，常に仲間の多種多様な表現が周りにあり，時には雑念も入る環境となる。それらたくさんの情報を整理し取捨選択しながら，自分なりの新しい価値を生み出そうと，時に苦しみもがく。そのような，互いにぶつかり合い英知を出し合う中，価値を生み出すことに喜びを感じる子どもであってほしい。それが学校でしか培えない子どもの学びの姿である。

「『独創』の教育」で目指す力は，独りよがりではなく，仲間と共に英知を合わせ，次の時代を担う新しいものを生み出す力である。それは同時に，人間として元々もっていた社会性を取り戻し，人と人とのコミュニケーション能力の質を高めることである。子どもたちの学びの質が，自己の利益の獲得から，仲間に認められ学級集団そのものを高め合っていく集団の利益の獲得を目指す。

図画工作科における「独創」の学びの姿

○既習・既得の「知識・技能・考え方・価値観」を踏まえつつ，新しい対象（材料・道具・環境・題材等）に向かって，常に自分にとって新しいものを生み出そうと試行錯

誤し，自分のこだわりをもって表現しようとする姿。 ○仲間と関わり合う過程を通して，仲間の「その人らしさ」を受け入れ，仲間の高まりを自らの高まりと感じ合える姿。

(2) 図画工作科の「『独創』の授業」を支える条件

○「『独創』の授業」における基礎・基本となる力

自ら解決したい，ぜひ解決しなければならない課題に直面した時，今ある知識・技能が中心になることは間違いない。しかし，その知識・技能は，その個自身が出会った生活場面において，その個自身が活用してはじめて生きてくるものである。

対象の形や色から発想させることを通して，子どもたちの柔軟な発想や創造性を育み，未来を創造する力へと昇華させることをねらいに置く。子どもたちが表現したい主題や課題解決に合わせ，材料や道具の特性を活用していく力。それを基礎・基本の力ととらえる。例えば，子どもは青と黄の絵の具を混ぜ合わせると緑になることは理解できる。しかし自分の感じた木々の爽やかさや，生命を感じた感動を仲間に伝えるには，どのような緑色なのかを思考・判断・選択しようとする力，そのような感性・感覚力を発揮する力こそ，「独創」に向かう基礎・基本である。またその感性・感覚力は，突然の課題を前に，忍耐力・洞察力・思考力・判断力等を発揮し，解決に必要な情報を集めようとする意欲が支えとなる。生涯「独創」し続ける力は，そのような表現に対し模索しようとする意欲が土台となる。

図画工作科における「『独創』の授業」を支える条件
○子どもたちが意欲的に思考しこだわりを促すための，鑑賞・表現活動における条件・「枠」の設定された授業。 ○互いの成果をぶつけ合い，関わりたくてたまらない場を促す授業。

(3) 図画工作科の「『独創』の授業」の核となる指導法

① 各教科・領域における「『独創』の授業」

各教科・領域に共通して有効であった授業での迫り方は以下である。

① 自分の立場を明確にさせる。 ② 既存の知識・既習事項だけでは解決できない場面の設定。 ③ 模範となる解答のない場面の設定。 ④ 共通土壌のもとに相互交流させる。 ⑤ 説明活動（言語活動）の場を設定する。

上記をもとに，指導法の核として２つの視点（混沌の意図的設定，関係づけの認識方法の育成）を設定した。図画工作科の指導法の核は，以下とした。

① **混沌の意図的設定**………「授業条件・枠」の設定 ② **関係づけの認識方法の育成**………「批評し合う力」の育成

②　図画工作科における「『混沌』の意図的設定」

授業での「混沌」の場面設定は，子どもの思考のズレを呼び込む題材・教材提示であったり，教師の意図的な発問であったりするだろう。子どもたちが課題に迫ろうと様々な考えを出し合い，自分では気付かなかった考えに触れ，より確かな価値をつくろうとする場である。そのような「混沌」の場を誘うには，自由な創造性を培う教科性だからこそ，あえて与える題材や材料，道具などの環境を含めた表現上の縛りの明確化が必須である。「枠」の中で思考させることが，悩み・苦しみ・こだわりの表現に誘う。子どもたちにとっても，互いの思考のズレや共通項がより認識でき，仲間にないもの，仲間を超えるものを生み出そうとする意欲につながる。

③　図画工作科における「関連づけの認識方法の育成」（批評し合う力）

仲間の考えや方法を自分自身の考えと関係づけ，新しい価値をつくりだす学びの方向性には，互いに批評し合う土壌づくり，学級風土が必要である。図画工作科の授業において，子どもたちは教師の示す活動の提案に基づき，一人一人の表現課題をもつ。その活動は形や色を媒体とした自分らしい表現を通して，互いがより高次の価値を生み出そうと，子どもたち同士互いに活発な論議や競争をしている姿と言える。

作品を通して仲間と批評し合うこととは，ある表現に対し互いに別の考えの立場にいるからこそ，見えてくる可能性を，言葉や自分の作品を通して伝え合うことである。それは自分自身がとらえていない価値や意味，課題等を気付かせてもらうことである。生み出される作品は，仲間の声を聞いたり仲間の表現から感じた価値を取り入れたりして，新たにつくり変えていく行為につながっていく。その姿はまた，それまでの自分自身を批評する行為でもある。自分自身の作品の意味が豊かに膨らんでいくと同時に，仲間と違う提案や新しい価値を生み出そうとする原動力となる。

(4)　図画工作科の「『独創』の授業」における評価

つくっては壊し，壊してはつくり，授業終末には，その行為の経過としての作品になることもあるが，材料の残骸のみが残ることもある。その行為の連続には，子どもが思考しそのイメージが豊かに変化している姿が見える。確実に自分らしさを求めるからこそ壊し，壊す先には新しい創造が確実に生まれる。生涯，「独創」し続ける姿につなげるためには，初等教育時にこのような図画工作科特有のこだわりを見いだすからこそ，「壊す」子どもの姿を，授業において大切に見取り，評価したい。

鑑賞・表現活動を通して，仲間を批評し合うことを学年に応じて意識させ，またそれを受け入れる学級集団の緩やかな形成が大切となる。授業では仲間の作品から感じ取った子どもの言葉や作品を，教師が大切に見取り学級全体に広げ，そして評価につなげる。言葉や作品をすべてほめ価値づけることよりも，子どもが懸命にこだわっているポイントをズバリと指摘したい。素直で直感的な言葉・作品も認めつつ，より思考し悩んだ上生み出された言葉・表現を見取る。そのことでよりよい表現を求め葛藤する子ども集団に近づく。

2 図画工作科の「『独創』の授業」像の提案

(1) 「『独創』の授業」像の構想

■「独創」を支える子どもたちに培いたい造形的な力

※授業条件・枠の設定の中で発揮される

①表現の楽しさを感じる	・材料にまみれ，心地よさや楽しさを感じる力 ・自分の表現に自信ややりがいをもとうとする力 ・形や色からつくられる対象に自ら関わろうとする力
②自分らしく表現する	・自己を追求し，こだわりを出そうとする力 ・多様な材料や表現方法に気付き，探究しようとする力 ・表現することに貪欲に挑み，結果自分を変える力
③諸感覚を通し，対象を見る	・対象を身体で感じようとし，今まで見えなかった身近な形や色に気付く力 ・対象の見方を意識的に変えることで，可能性を広げようとする力 ・より思考し，発想・構想を深めようとする力
④関わり合う	・形と色でコミュニケーションをとろうとする力 ・言葉で表せないからこそ，形・色で伝えようとする力 ・自分を懸命に伝えようと努力する力 ・仲間の表現を認め，受け入れようとする力 ・仲間との差異に気付き，仲間に寄り添おうとする力
⑤切実感を伴う感覚力・感性	・様々な価値のよさを集め，新しい価値を創ろうと挑む力 ・思いや願いを実現するため，自己をみつめたり仲間と関わったり調べたりし，自己実現に向かおうとする力
⑥造形的な知識・理解	・未知なるもの・新しいものに向かおうとする力 ・自分が楽しく心地よいものを分析しつつ，新しさに目を向け取り入れようとする力 ・自分に足りないものを求め，仲間の表現に目を向けようとする力
⑦「批評し合う力」 ※①～⑥の力が高まり，総合的に⑦の力に昇華していく。子どもはさらに⑧を求めるようになる。	・目の前に展開する事象を批判的・並列的な視点で見て，探ろうとする力 ・仲間と自分との違いを感じ，そのよさを認める力 ・真剣に自分の思いを伝えることで，仲間の思いをも全力で感じ取ろうとする力 ・今ある価値観にとらわれず，新しい価値に恐れず踏み出そうとする力
⑧自分だけの価値をつくろうとする力	・仲間とよさを擦り合せようとする力 ・互いの表現を納得する価値に向かわせようとする力 ・仲間のよさが分かるからこそ，あえてその価値から離れようとする力 ・独自のやり方を見いだそうとする意欲

※「独創」の授業の中で子どもの発達に伴い緩やかに高まる

※教師が「『独創』の授業」を繰り返すことで，個は上記の力を高めていく。
上記①～⑧の数字が大きくなるほど，個の発達段階に応じて高まる力である。しかし，元々子どもは低学年でも⑧の要素はもち合わせているし，高学年でも①の喜びは大いに感じている。

(2) 図画工作科における「『独創』の授業」構想図

子どもたちの発達段階から考えた1題材（鑑賞と表現を行き来する授業構成），1授業（2～4時間）の授業モデルとした。一人一人の個（仲間と関わりながら「独創」し続ける貪欲な意欲をもつ）が，他者（仲間）と時間・空間を共にする中，対象（題材・材料・道具・環境・教師）と三位一体となってつくり上げていくことを構想する（図2）。

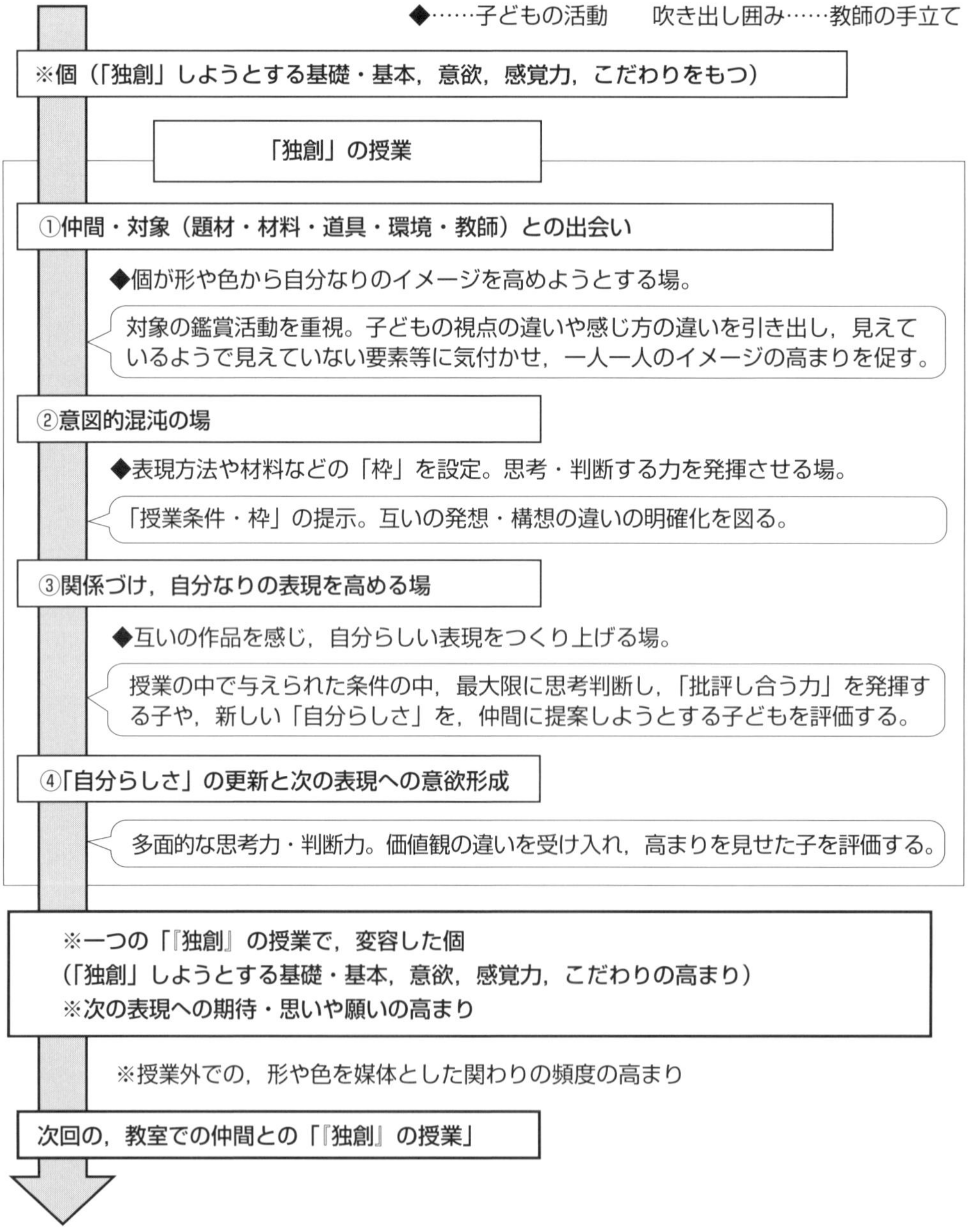
◆……子どもの活動　吹き出し囲み……教師の手立て
※個（「独創」しようとする基礎・基本，意欲，感覚力，こだわりをもつ）
「独創」の授業
①仲間・対象（題材・材料・道具・環境・教師）との出会い
◆個が形や色から自分なりのイメージを高めようとする場。
対象の鑑賞活動を重視。子どもの視点の違いや感じ方の違いを引き出し，見えているようで見えていない要素等に気付かせ，一人一人のイメージの高まりを促す。
②意図的混沌の場
◆表現方法や材料などの「枠」を設定。思考・判断する力を発揮させる場。
「授業条件・枠」の提示。互いの発想・構想の違いの明確化を図る。
③関係づけ，自分なりの表現を高める場
◆互いの作品を感じ，自分らしい表現をつくり上げる場。
授業の中で与えられた条件の中，最大限に思考判断し，「批評し合う力」を発揮する子や，新しい「自分らしさ」を，仲間に提案しようとする子どもを評価する。
④「自分らしさ」の更新と次の表現への意欲形成
多面的な思考力・判断力。価値観の違いを受け入れ，高まりを見せた子を評価する。
※一つの「『独創』の授業で，変容した個
（「独創」しようとする基礎・基本，意欲，感覚力，こだわりの高まり）
※次の表現への期待・思いや願いの高まり
※授業外での，形や色を媒体とした関わりの頻度の高まり
次回の，教室での仲間との「『独創』の授業」

図2　図画工作科における「『独創』の授業」構想図

3 図画工作科における「『独創』の授業」の具体と実践

❶ 低学年 「批評し合う力」の育成を目指した題材実践例
題材名：第2学年「みて，みて，わたしの絵」（2時間扱い）

（北川実践）

① 目 標

○折ったりのばしたりすると変化する絵のおもしろさに興味をもち，表現する。
○形からの見立てや，分割・変形・出現などの変化を生かした絵を発想できる。
○自分や友達の表現を見合い，好きな点を伝えたり，改善の視点を伝えたりして，みんなで学ぶ楽しさを味わうことができる。

② 準 備

カラーペン，様々な形の短冊状に切った厚口上質紙，参考作品，丸シール

③ 題材について

「見る」と「見られる」は，主客を転じれば常に同時に存在し，「見る側」の子どもは友達の表現を見て自分が学び，「見られる側」の子どもは「見る側」の子どもの反応から自分の表現への評価（発話，表情などから通じ合う）を得て表現意欲が増すのである。これは，自室やアトリエの中で一人で行う表現活動では起こりえないことである。よく，「先生にほめられるよりも，友達にほめられた方がうれしい」と言われるが，「教わる」ことと「学び合う」ことの教育的効果が共に大切であることを示していると考える。このことを，「意識的に，互いに批評し合うことをよしとする，学級集団の緩やかな形成」と関係づけて指導法を改善した事例である。

「Z折りの絵」という題材である。紙を2つに折って，一方をまた半分ほど折り返すと，アルファベットのZのようになる。折り目をたたんだり開いたりすると絵が変化する。この条件に合う活動を組むことが，この授業の「枠」であり，その「枠」の中で試行錯誤させることで子どたちの関係づけは深まりやすくなる。

楽しい題材に出会い，子どもたちはやる気満々で絵を描き始め，「できた」「先生，見て」と，次々に作品をつくりあげる。仕組みをうまく生かせない失敗もあるが，失敗から思いついて新たに絵を描くなどして，試行錯誤しながら表現を追究していく姿も見られる。子どもたちは，近くの席の友達と作品を見せ合いながらの鑑賞活動を自然発生的に行う。表現における明確な「枠」を共通の土俵にしているので，アイデアの違いや表現の工夫がよく伝わる。

だが，自然的交流にゆだねるだけでは不十分な面もある。子どもたちが互いの考えのよさを認め合ったり批評し合ったりを繰り返しながら，互いの独創性を認め合える

ような学習集団づくりを目指すためには，もっと手立てが必要である。

作品が小さいので，集団で鑑賞し合うのが難しいことから，実物投影機を使って拡大表示して発表をさせた。「すごい」「なるほど」「私のも映して」と，盛り上がり，「みてみて大会」が始まる。子どもたちは「表現すること」が大好きだが，表現したことを「評価してもらう」ことも大好きである。だから，教師に「見て，見て」と何回も見せにくるのである。さて，Z折りの絵の「みてみて大会」だが，10人，20人と続くと見ている方も疲れてしまい，発表者の独りよがりになってしまいがちである。また，「よいところ見つけ」も大切だが，一人一人に「よいところ見つけ」をしていると，時間がかかりすぎてしまう。「表現の時間」と「鑑賞の時間」が分かれすぎていると課題を感じた私は，次のように授業を改善した。

④ 「関係づけ」を生かした指導法の改善（他学級での実践）

同じZ折りの絵の活動で，同じ導入資料を用いた後，次のようなルールを示した。

友達に貼ってあげるシールの枚数

・みたよ	シール1枚	1点
・いいね	シール2枚	2点
・すごい	シール3枚	3点

すると，写真1のように作品をつくるたびに友達相手に楽しそうにプレゼンテーションする姿が教室にあふれた。前回の授業に比べて「先生見て見て」が減り，友達との相互鑑賞と意見交換が活発化した。「友達に認められること」は，子どもたちに絶大な喜びをもたらす。また，「見る側の子ども（シールをあげる側」）は，友達のアイデアを目の当たりにすることによる学びも繰り返されることとなる。

「表現の時間」と「鑑賞の時間」が分かれすぎるという反省点は克服され，「見る」「見られる」が有機的に繰り返される学び合いの姿があふれた。このように，「意識的に，互いに批評し合うことをよしとする，学級集団の緩やかな形成」を意図した授業づくりをすることが「『独創』の教育」にとって有効であると考える。

写真1　プレゼンテーションする子ども

写真2

「レモンを開いたらもう一つ顔があった」
「スイカを割ったらリンゴが出てきた」
※右下，左下の丸い点は，友達からの評価シール

❷ 中学年 「批評し合う力」の育成を目指した題材実践例
題材名：「県の形から生まれたよ」－形から発想し，絵に表す活動を楽しむ－

（仲嶺実践）

① 題材の設定について

県の形からの見立てを楽しみながら，「独創」する力を発揮する姿をねらいとした。互いの見立てをリアルタイムで評価し合い，仲間の出したアイデアのよさから感じたことを，その場の自分の表現に活かそうとする姿を期待した。その姿は，互いに「批評し合う力」を発揮している姿である。

② 目　標

○都道府県の形から見立てる遊びを通し，自分のイメージをつくりだすことができる。
○互いの表現を見たり，批評し合ったりすることを通し，仲間との発想の違いを楽しみ，自分の表現に活かそうとする。
○ものの見方を広げて思考することを通し，多面的な視点で考えようとする。

③ 準　備

県の形を描いた画用紙，クレヨン，水彩マーカーなどの描材，丸いタックシール

④ 実践から

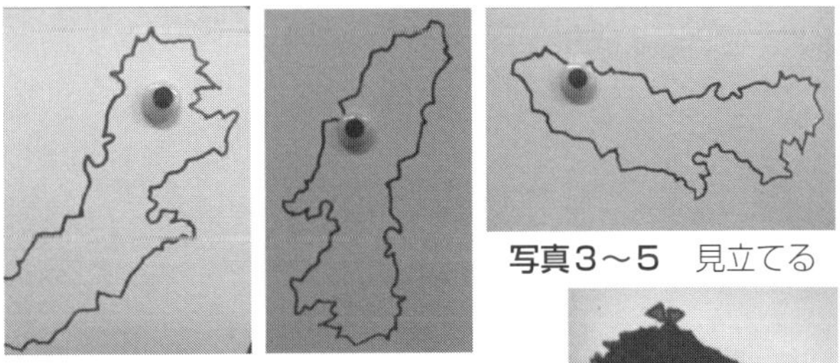

写真３～５　見立てる

導入では，八つ切り画用紙に印刷した東京都の形を，向きを変えながら提示したことから，「魚」，「犬」等の見立てを引き出した（写真３～５）。「他の県だと，どんなものが見えてくるだろう」。そのような発問を通して子どもたちの表現意欲を促し，47都道府県それぞれの形を，「顔」に見立てていく遊びを促した（写真６）。

写真６　横顔

子どもたちに提示した表現上の条件「枠」として，画用紙に印刷された県の形に，丸いタックシールを目玉として使い，「顔」を探すこととした。必要に応じ，水性カラーペンやクレヨンで描いたりすることもよしとした。様々な県の形をじっくり見たり，見る方向を変えたりしながら「顔」を探し出すことを通して「独創」する力を発揮し，多面的な見方を培いたいと考えた。

はじめは人の「顔」や動物等の「顔」に見立てやすい県の発見に子どもたちの意識は集中し，表現も仲間と似通ったものが多かった。いろいろな県の形を吟味し，何枚か試してみたり，仲間の意外な見方を発見したり認めたりしながら，子どもたちの表現はより自分らしい見方に変容していった。動物や宇宙人になったり，食べ物や花等，

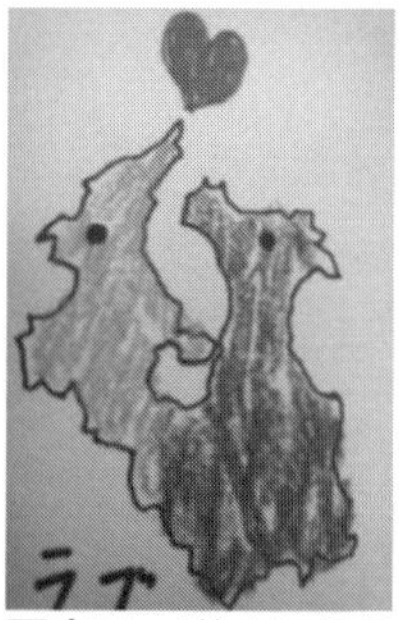
写真７　逆さに見る

別の描く対象を加えたり等，それぞれの発見を加味した作品へ展開していった（写真７）。思いついたことを即試せるカード大の大きさにしたことや，カラーペン・クレヨン等の扱いやすい描材も，子どもたちの発想そのものを際立たせる重要なファクターとなった。途中互いの見立てを鑑賞する場を意識的に教師が設定し，集団での「批評し合う力」を伸ばすきっかけの場とした。

⑤　考　察

写真８　自然な関わり

これまでの授業でも，子どもたちの関わり合いを促すための手立てはなかったわけではない。教師の判断で，ねらいに沿った表現をしている子どもを適宜取り上げ，集団のベクトルを束ねていく場等である。しかしここでいう「批評し合う力」は，子ども主体でなければならない。前述の教師による見取りは，子どもたち自身の「批評する力」を促すきっかけであり，決して教師の価値観を押し付けるわけではない。教師がいい作品だと判断したことが，子ども全員の感性と合致するわけではないからである。

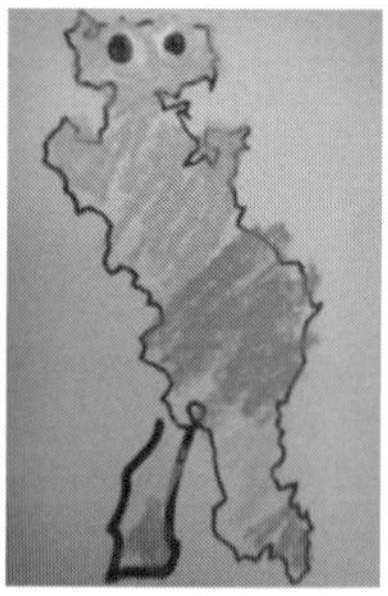
写真９

写真８のような，授業中自然と仲間の表現を楽しんだり自分の思いを伝え合ったりしている子どもたちの姿は，自分たちが共通した「枠」の中で思考しているからこそ生まれる。仲間の表現に自ら能動的に関わる姿は「批評し合う力」を発揮する姿である。あくまでも子ども主体の関わり合いこそ，自分の価値観を互いにぶつけ合い，互いに評価し合っている姿である。

写真10

終末では，子どもの表現が広がりをみせた。写真９は右足を描き加えた「ふりかえっている人」。その見方の斬新さが仲間に賞賛された。写真10は「けがをした子どもを背負っているお父さん」。作品としては未完成であるが，この子はその時右手を怪我しており，前日病院に行った経験からこの表現につながったという。その子らしい思いにも集団を寄り添わせたい。写真11は県の形の細かな部分から発想できた表現「鳥の親子」である。より多面的な見方ができた。

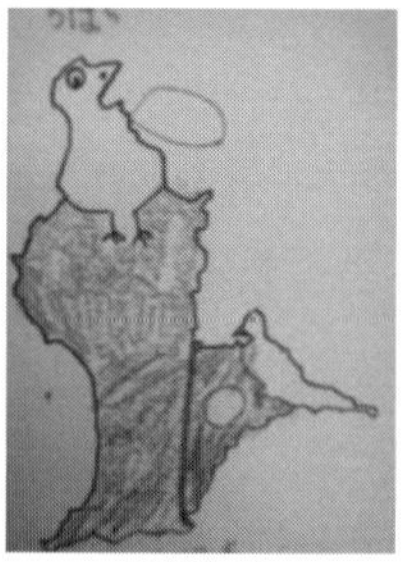
写真11

これらは単なる「思いつき」ではなく，「批評し合う力」を発揮する過程で，仲間の表現のよさを感じ試行錯誤し吟味した結果，生まれた価値である。図画工作科の教科性として，とことんまで考え，そのこだわりの高さで認められる「独創」もあれば，その発想・構想のよさで仲間をうならせる「独創」も生まれてくる。

❸ 高学年 「批評し合う力」の育成を目指した題材実践例
題材名：第６学年「表と裏」－造形活動を通して，もののとらえ方を問う－

（西村実践）

① 題材の設定について

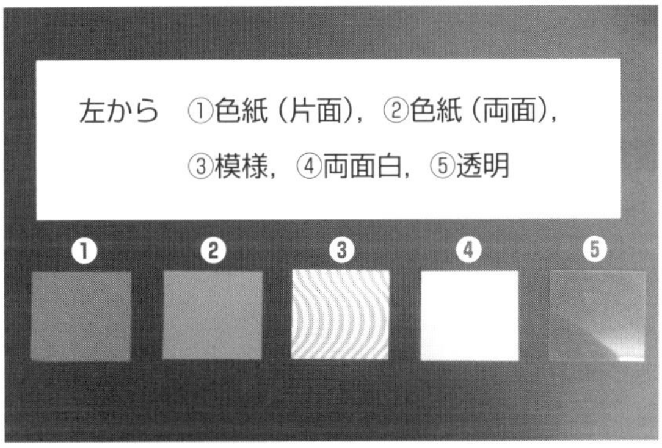

本題材は，造形活動を通して「個の独創性の質的変容」を促すために，「題材・材料などの表現における明確な『枠』を提示すること」に主眼をおいて行う授業実践である。本題材では，私たちが対象の「表」と「裏」をどのようにとらえているのか，造形活動を通して考えることを期待し，授業を設定することにした。

本実践では，これまで「裏」と考えていたものに何らかの造形的な施しを加えることで「表」（あるいは，「表らしく」）にする活動である。（またその逆についても同様に行う）造形活動を通して，様々な事象に対する，自らの「表裏」のとらえについて，考えることを期待したい。

② 目　標

○ものごとの「表」と「裏」について自分なりに考えるとともに，形や色の特徴を活かしながら工夫して表すことができる。

○表されたことについて，その考えの共通点や相違点について感じたり考えたりすることができるとともに，各々が発想したものや発見したことについて，互いに伝え合うことができる。

③ 準　備

（児童）はさみ，のり，カラーペン，筆記用具　（教師）色紙

④ 実践から

1）導入時の工夫

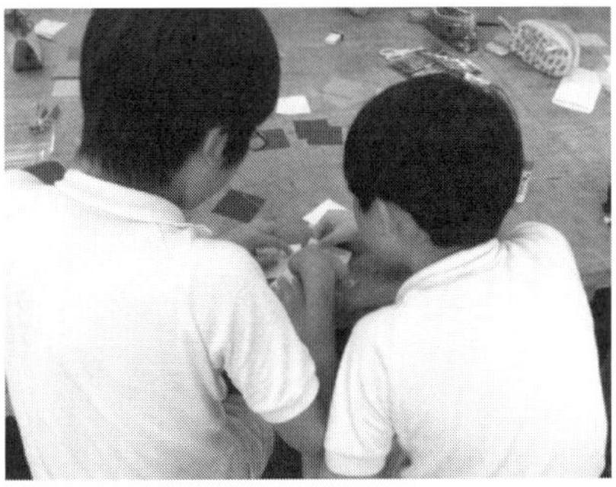

本題材の導入では，どのようなものに「表」と「裏」があるのか，まず尋ねることから始めた。コインなどの制度的なものとともに，「人間」や「世の中」などのキーワードも出てきて，幅広いとらえがうかがえた。続いて，５枚のカードを用意し，子どもたち

に１枚ずつ見せながら，そのカードのどちらが「表」で，どちらが「裏」であるのかを，尋ねることにした。また発表してもらう際には，なぜそう思ったのか，その根拠を問うことにした。

１枚目に出したのは，赤い色紙である。片面は赤，もう片面は白である。多くの子どもたちが赤い面を「表」と選んだ。

次に片面は緑色，もう片面は黄緑色の色紙，その次は片面は同じく緑色だが，もう片面が黄緑の曲線模様の色紙を提示した。２枚目と３枚目はそれぞれの好みとともに，模様などの造形的な要素が入ってきたことから，意見が分かれた。

そして次の４枚目を提示する前に，最初の片面赤い色紙を提示し，先ほどは赤い面を「表」，白い面を「裏」と選んだことを確認した。その上で，４枚目のカードとして，両面「白」の色紙を提示し，その表裏を尋ねた。子どもたちはもしかすると質感で表裏が分かるのではないかと，手触りで確認をする場面もあった。

最後に出したのが，透明なプラスチック板である。子どもたちからは，「表も裏もない」という意見が多数を占めた。

2）「裏」が，より「表らしく」なるよう，工夫して表す

そこで今日の活動の内容について説明をした。提示した５枚のカードの，「裏」ととらえた面や「表裏」が区別できない面を，どのようにすれば「表らしく」することができるのか。もともと「裏」ととらえた理由を考えながら，それを「表（あるいは表らしく）」に変化させるよう伝えた。

今回の５枚のカードは形や色，質感など，造形的な特徴をもとに選んだものである。子どもたちはペンで着色したり，切った色紙を貼ったりするなどして，「裏」を「表」へと変化させていった。

⑤　まとめ

本実践では，造形活動を通して，様々な事象に対する，自らのとらえについて，考えることを期待し，「表と裏」をテーマに実践を行った。形や色，また質感を変化させることで，それらが変わることを造形活動を通して感じながら，つまり，それは様々な事象について言えることであるという気付きにつながることを期待した。

本実践では，「個の独創的な質的変容」を促すために，特に「枠」の提示に着目して授業を設定することについて，一応の成果を得たものと考えている。しかしながら，果たしてその要因が指導法だけであったかどうかを，検討の余地はある。

4 成果と課題

「独創」を生み出し集団の学びを高める指導法の手立ては以下である。

○題材・材料などの表現における明確な「枠」の提示が不可欠。子どもが思考する場を促し，表現に切実感が生まれ，意欲を促し，こだわりをもつことにつながる。
○意識的に，互いに批評し合うことをよしとする，学級集団の緩やかな形成。
○仲間の作品から感じた子どもの言葉や意見を，大切に見取る教師の評価。

「指導法の究明」において，現時点での成果と課題を挙げる。

(1) 成　果

① 感覚や感性により，表現が多様に広がる教科の特性がある。仲間の価値を取り入れながら，新しい価値をつくりだすには，互いの差異や共通項が子どもたちにも分かりやすい題材設定が必要である。そのためには表現上の「枠」の設定は不可欠であり，子どもたちの切実感を促す題材，すぐにやり直しがきく材料の提示，互いに関わらざるを得ない場等の題材における設定が有効である。

② 自然な批評し合う姿につなげるには，自分の表現に成就感をもてるような教師の見取り・評価が有効である。自分のこだわりがもてたことが，関わり合いたくてたまらない子ども集団をつくる。

(2) 課　題

① 仲間の「その人らしさ」を受け入れ，仲間の高まりを自らの高まりと感じ合える姿は，「独創」する子どもの根本である。そのような学習集団の形成は，一朝一夕では難しい。年間を通した長いスパンの取り組みと粘り強い見取り・評価を続ける中，子どもたちの「独創」の土壌も広がりをみせる。

② 一人一人が生み出した価値を集団の価値として高めるため，互いに「批評し合う力」の重要性を挙げた。言葉だけでなく諸感覚を通しての批評し合う姿を見取る評価の在り方の研究が今後も必須となる。子どもの発想・構想は，その場において仲間に受け入れられなくとも，揺らぎのない価値として子どもの中に刻まれる場合もある。まだ未完成な論理だとしても，教師はそれを価値づけ，評価につなげる必要がある。「○○さんはどうしてこれを作ったのかな」，「なぜこんなに，ここにこだわっているのだろうね」のように，その子どもの生み出した価値に寄り添わせ，集団に返す。そのことでねらいの本質が見えてくることもある。仲間と共に切磋琢磨することで，たくさんの価値が生まれ出る。全体を１つの価値に束ねなくても，表現教科であればこその，子どもたちの表現する過程に価値をおくこともできる。

7 家庭科の「『独創』の授業」

1 家庭科の「『独創』の授業」像の構築

(1) 家庭科における，具現化したい「独創」の学びの姿

① 生活を自分らしく再発見する

写真１ ゆで卵の課題について話し合う子ら

「先生，卵が大変！　殻から中身が出て来ちゃった」「ぼくのもだ！」ゆで卵調理の最初の時間によく見かける子どもの姿である。こうした子どもらの発見や驚き。これこそ，「独創」の学びの出発点である。「塩か酢を入れておきなさい」などと指示しては，はなはだもったいない。

ここで子どもを揺さぶる。

「それって，その卵のせいなのかな？　それとも，どの卵でも起こることなのかな？」「中身が飛び出さないようにする方法は，あるのかな？」「どういう調べ方が，できるかな？」

子どもたちは夢中になって対処方法を調べてくる。

「気室のある卵の丸い方に画鋲で穴を空ければいいよ」「穴を空ける器具を持ってきたよ」「湯飲みの底に画鋲を貼って，そこに卵を載せて穴を空けるといいよ」「そんなの大変だよ。塩や酢を少し入れておけばいいって本に書いてあったよ」

そんな時に，こう言った子がいる。「なぜ塩や酢なの？　なぜ小さな穴である必要があるの？」子どもたちは皆，はっとした表情になる。本を鵜呑みにしていた自分。「分かったつもり」になっていた自分。それをその子に揺さぶられたのだ。

「試してみよう！」子どもたちは，各自で調べてきた方法を班の仲間と吟味し，実験の計画を立てて試行する。どの班もいきいきわくわく実験に熱中している。

こうして，子どもたちは１つの方法を割り出す。この時のそれは，「塩か酢をひとつまみ入れた鍋に，気室にひびを入れた卵を入れてゆでる」というものだった。

子どもは，自分が発見したことについては，黙っていることができない。ある子が

気付いた驚きは，たちまちのうちに周りの子どもたちへと広まっていく。そして，その驚きの渦に触発されて，さらに新たな「再発見」が生まれてくる。それは，仲間と共に学ぶからこそ見つけ出せた「再発見」だ。子どもが「自分らしさ」を発見するのは，仲間とのこうした交流のある学習の場で，なのである。

一人一人の子どもが本来もっている豊かな「自分らしさ」。それがのびのびと発揮されること，さらに仲間の中でゆったりと受け止められ認められること，それは子ども一人一人に「学びがい」を味わわせ，自信と誇りとをその子の内に育てる。

この後学習は「半熟卵をどう作るか」で，また「ラーメンに入れる味玉（味の付いた半熟卵）をどう作るか」で白熱した。こうして子どもたちは，ゆで卵作りを通して自分の課題を発見し，卵という「物」と出会い直した。こうした姿が，生活を自分らしく再発見する，家庭科が目指す「独創」の学びの一つの姿である。

② 生活を自分らしく創意工夫する

「ごはんとみそしる」の学習は，家庭科で唯一「必修」となっている題材である。これを「独創」の授業として取り組んだ。

子どもたちにはまず，「ごはんをお鍋で炊くことができるかな？」と問う。

「教科書を見ればできる」。

その声は自信ありげだ。しかし，調理を始めてすぐに，困惑の声が漏れてくる。

写真２ ごはんが炊けたことを喜ぶ子ら

「お米がこぼれちゃう。どうやって米をといだらいいんだろう？」「ぎゃあ，泡が吹いてきた！　どうしたらいいんだろう？」

実はここからが，子どもたちの本当の学習の始まりである。

子どもたちは自分が困ったことについて真剣に調べる。そして，次の時間にはこげのないご飯を無事炊くまでになる。

教師はそこで再び子どもを揺さぶる。

「茶碗にぴったり５杯分のごはんを炊きなさい」。

子どもたちはこの課題で，ごはん炊きの基本をもう一度振り返ることになる。「茶碗１杯のごはんって何ｇ？」「お米からごはんになるとき，かさは何倍に増えたんだっけ？」「水はどのくらい入れるといいんだっけ？」「何で炊く？　どの鍋がいいの？」子どもは再び混乱しながら，既習事項を整理し始める。

こうした中で，「米からごはんになるとかさはほぼ２倍になるから，茶碗に半分くらいの米を入れて，それを５杯分集めればいいんじゃないの」と活動を始める班が出てくる。すると，「だったらお米は，茶碗に２杯半だ」とさっさと量り始める班も出てくる。そして「だいたい２倍になるなら，鍋はこれだね」と鍋を選び出してくる子も出てくる。子どもは情報に敏感に反応する。そして一人のアイデアから「だったら，こうなる」「こうも考えられる」と，発想が広がっていくのである。

この後，各班の作戦を「関係づける」時間を設ける。すると，各班からSOSが出されてくる。例えば，米を浸す水の量で困ったという声。家からすでに水に浸けた米を持って来た人がいる。この場合，水量はどうしたらいいのかという問い。これに対して「重さで言うと，米が１なら水は1.5でしょ。だから米は全部入れてしまって，その後，米と水を足した合計の重さになるまで水を入れていったら？」と声が挙がる。そこへ次のような意見も出る。「米は水を吸うと1.2倍にかさが増えるよね。だったら，吸水後の米はすでに1.2倍になっているんだよね。ならば，水は１だけ足せばよくない？」この意見には教師の補足説明が必要である。しかし，意味が分かると，子どもたちはすぐに「やってみよう！」とわくわくした表情に変わった。

試しの調理を通して課題を発見し，それを活動を通して解決するだけでなく，こうもできるのではないか，だったらこれはどうだろうかとよりよい方法を仲間と共に模索し，自分にとってよりよいものを選択すること。これが，生活を自分なりに創意工夫する，家庭科が目指す「独創」のもう一つの姿である。

この「独創」の教育によって，育てたい子どもの具体像は以下のような姿である。

家庭科における「独創」の学びの姿

○家庭科好きで，熱中して取り組む。
○物事に進んで関わり，試行錯誤を楽しんで活動する。
○生活に「問い」をもち，追究する。
○自分ならこうすると考えられる。
○「これをずっと続けたら……」,「多くの人が行ったら……」といった視点に立った批判的な思考ができ，自分のこだわりをもって意思決定する。
○場や用途などをイメージし，新たなものやことを創り出す。
○頭だけでなく自分の多様な感覚を使って，ねばり強く問題解決を図る。
○家族や友達など身近な人々と進んで関わり，他者から学ぼうとする。
○家族や友達など身近な人々の中で，自分のよさを発揮する。
○周りと関わり，頼りにされることを心地よく思う。

2 家庭科の「『独創』の授業」を支える条件

(1) 学び合いの場をつくる

家庭科が目指す「独創」とは，家庭生活の中で「よりよい生活」を求めて問題解決していく思考力，判断力，表現力とともに，家族や近隣，身近な環境との関わりを深める力をつけることだと考える。これは，図1のようなベクトルで表すことができるだろう。

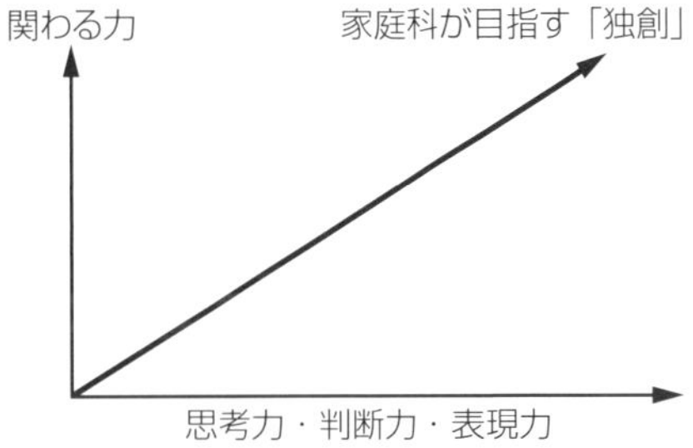

図1　家庭科の「独創」のモデル図

このベクトルは，どのような段階を踏んで伸びていくのか。このことについて迫ることが，本研究の一つの目標だと考えている。

「独創」では，班の友達など集団の中で，「自分らしさ」を発揮して活躍する力や態度の伸長が目指されている。こうした自覚を育てていくためには，子どもが自分のよさを発揮できる環境の醸成が欠かせない。それは，段階を追った丁寧な「学び合いの場づくり」と言い換えることもできる。一人一人の「創意工夫」を耕すとともに，それを育てたり発揮したりする「学び合いの場づくり」を段階を追ってつくるのである。

子どもの学びを見ていると，新しい課題に出会ったときに，人，物，こと，情報といった身の回りの資源とよく「関わっている子」ほど問題解決に対して意欲的であり，「自分なりに」解決しようと試行錯誤を厭わない傾向があることが分かる。

逆に，生活経験の中でこうしたものと関わることの少なかった子ほど，課題に突き当たると，途方に暮れてしまうことが多い。しかし，この子らも，まずは隣の子の試みなどを「まねる」ことで閉塞状況から脱していく。そして，友達が行っていた「まねたくなる試み」のいくつかの中から，自分なりに選び出したり，触発されたりしだす。そして，「付け足す」，「一部を組み替える」，「いくつかの部分を組み替える」といった段階を経て，「自分らしい」表現にたどり着く。発想としての「独創」（創意工夫）にも，このような段階性がある。関わる→まねる→付け足す→一部を組み替える→いくつかの部分を組み替える→自分のこだわりを自覚する，こうした発展を促す学び合いの場をつくることが，「独創」を導く条件の1つである。

(2) 教師の視点と指導の方向性を明確にもつ

ところで，家庭科では，何を目指して「独創」するのだろうか。

今日，「物質的に豊かなことが『よりよい生活』である」とする考え方は，急速に力を失っている。私たちは，「生活の質」に目を向け始めたのである。家庭科は，「食べる・着る・住む」ための学習を超えて，さらに「『自分らしく』食べる・着る・住む」，つまり「味わう・装う・しつらえる」ための家庭科へと，内容を深める時にきていると考える。こうした社会の変化に対応し，多様な価値観をあぶり出す力を培いたい。そのためには，「他者にとって」また「自分にとって」と多角的に対象をとらえることや，それらを目的に応じて吟味すること，さらにその比較対照を踏まえた上で「自分らしい」選択をする力をつけることがこれからの力として必要である。よって，子どもらの選択の視点の中に，「それを選び続けたらどうなるのか」，「みんなが選択したら……」といった時間性や他者性の視点に立って効果や影響を考える批判的な思考を育てる視点が教師側にあることが，家庭科の「独創」の授業の条件となる。

(3) 「こだわり」の発揮と「対話的な関係」が築ける題材や学習の場づくり

また，家庭科の学習には「正解」はない。「最適解」を求める学びである。何を「よりよい」と考えるのか自分の考えや行動が問われてくる。この「自分らしい」発想やひらめき，知恵，行動を発揮できることが「独創」の授業の不可欠な条件である。

さらにそれを，友達との交流を通して，独りよがりではない互恵的なものへと質的に高める必要がある。「独創」の教育では，この互恵性のある価値観の形成を大切にしながらも，それを１つに収斂してしまうのではなく，「自分らしいこだわり」をもち，互いの違いを尊重しながら対等に認め合う「対話的な関係づくり」へと発展させる。それには，友達の働きかけを待っていないで，自分から求めていく意欲や自己学習能力，また，自分と違った考えの友達の多様性を受け入れる柔軟性や開放性が必要とされる。そのためには，「こだわり」や異質さをよしとして，多様に学び合うことを必要とする題材や，対話のある学び合いの場をつくることが条件となる。

(4) 家庭科の「核」となる指導法

① 教　材

○児童にとり身近で，かつ多角的な発見ができ，直接手に取り試行錯誤できるもの。

○児童の生活経験からも多角的な見方ができ，矛盾や葛藤が引き出せて，実践的・体験的な活動に結びつくもの。

○子どもの思いつきやひらめきを引き出すもの。

○これまでの学習経験を生かして問題解決ができるもの。

○問題解決の過程で人との関わりがもてるもの。

② 指導計画

○自由な発想とその分類整理，さらにその振り返りという３段階の思考の場が設けられるように題材を構成する。

○試しの作業→友達との相互評価→本作業→友達との相互評価と，２段階の作業が行えるように題材を構成する。

③ 具体的な指導法

○仲間と知恵を集めて１つの課題を解決するプロジェクト型の学習を行う。
○新しい発想につながる思考の技法（ロジックツリー法，マインドマップ法など）や学び方を教え，学習の中で活用できるようにする。

〈発想の拡散を促すために〉

○いま・ここを多角的に観察させる。
○様々な見方，見え方を出し合わせる。
○「自分が仲間に貢献できる」実感をもたせる。
○異質な発見が価値をもつ学習の場づくりを行う。

〈「混沌」の場をつくるために〉

○「なぜ？」の発問で探究心を引き出す。自分なりのこだわりを発見させる。
○「分かったつもり」「できるつもり」を揺さぶる課題を提示する。
○発想の「具体性」を問うことで思いつきを揺さぶる発問を行う。
○多角的な考えを引き出す発問を行う。
○子どもの「なぜ？」を評価する。

〈「関係づけ」を促すために〉

○自分や友達の思考を「見える化」する。（付箋に書く。ＫＪ法で分類するなど。）
○活動のプロセスを「見える化」する。（学習計画，自己評価のグラフ化など。）
○違いを「見える化」する。（友達の取組みや発表の際に自分と同じ点，違う点を書かせるなど。）
○試行錯誤と自己評価，練り直しのできる場の設定。
〔試す→気付く→工夫する→自己評価→新たな課題への気付き→試す〕場の設定。
○振り返りと改善の場を重視する。
「もっとよい方法は？」「これを自分流にするとしたら？」などの投げかけ。
○さらに発展的な学習へと興味をもたせる。（オープンエンドなまとめ方）

(5) 家庭科の「『独創』の授業」における評価

① 評価の視点

○結果とそのプロセスとを評価し合う。
○うまくできることではなく，何を活用したかを評価する。
○「見える化」された資料などの根拠を示し，具体的に仲間のよさが見つけられるようにする。
○何を変えたいか→どう変えたいか→どうやって変えるかの３過程を評価する。

② 評価の方法

■観察に基づいた評価

観察メモ，評価規準を作成し，チェックする。

■ポートフォリオ評価

製作計画表，毎時間の作業写真記録，授業の振り返りの記録を集積して評価する。

■児童による相互評価

付箋で友達と感想や評価のやりとりを行う。

班内の貢献度を相互評価する。学習過程をグラフ化するなど「見える化」する。

■自己評価

学習過程の自己評価を「見える化」する。100点満点ではなく，もっと自分で力をつけたくなるような加点法による評価を行う。

例：友達と一緒にレシピを見ながら調理→B評価（例：50点）

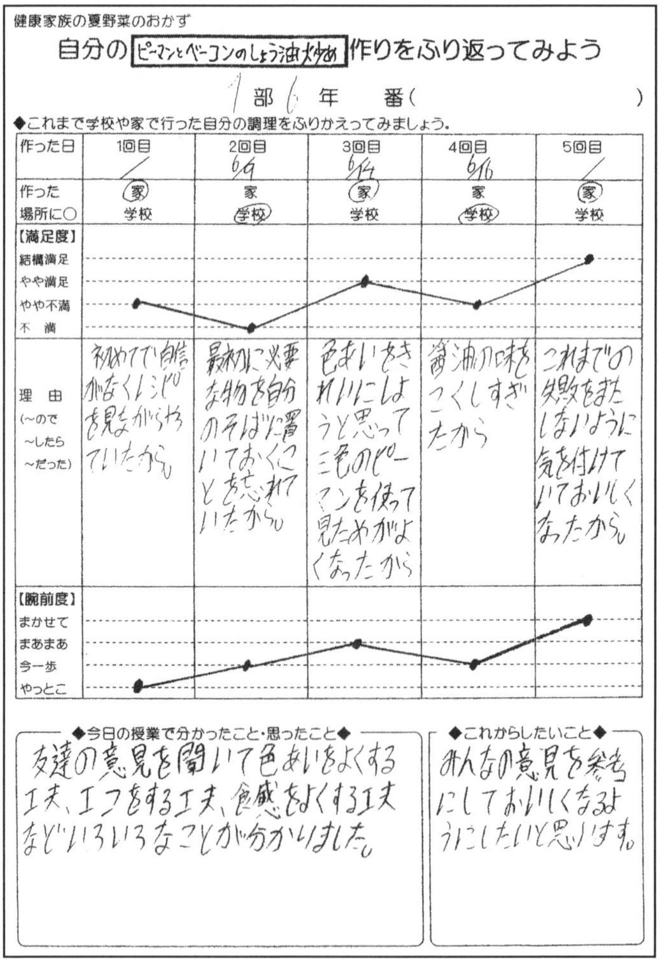

図２ 調理実習の自己評価表

・自分の調理の課題に気付く。→さらにプラス10点
・自分の課題の解決法を挙げる。→さらにプラス10点
・友達の方法と比較してより良い方法を取り入れる。→さらにプラス10点
・友達の方法をよりよく改良して取り入れる。→さらにプラス10点
・自分なりに方法を考えて取り入れる。→さらにプラス10点

3 家庭科の「『独創』の授業」像の提案

(1) 生活を自分なりに創意工夫する力や態度を育てる「独創」の授業像

「『独創』の授業」では，子どもが選べる教材や方法を提供することが要件となる。学習課題に自分の「こだわり」がもてるようにするのである。

また，中間発表会，実践発表会を設定する。これによって，友達との学び合いの場

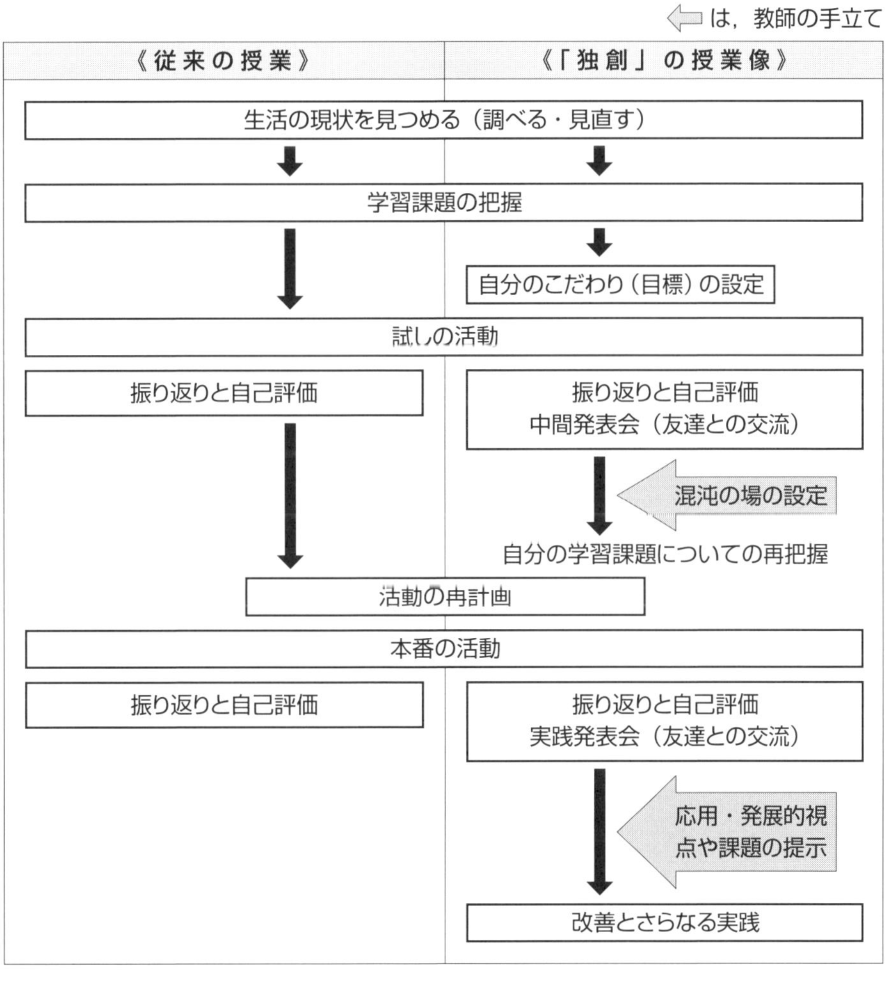

図３　生活を自分なりに創意工夫する力や態度を育てる「独創」の授業像

を設け，「混沌の場を意図的に設定する」とともに，他者と自分のよさの自覚を促す。そして教師が子どもに応用，発展的視点や課題の提示を行い，子どもが一度つかんだ結果をさらに改善，発展できるように導く。

(2) 自分らしく生活を再発見する力や態度を育てる「独創」の授業像

生活を多面的に見つめさせる教師の揺さぶり発問が，この授業像の要件である。

具体的には，まず生活を見つめる中から見いだした問題点「なぜ？」を５回重ねる。こうして真の原因を突き詰めていく。その後，見いだした課題をどう解決していくかを考える。これを「問題点を究明する５Ｗ１Ｈ法」と名づけた。この発問法を用いる。

板書は，マインドマップを描く形で行う。次に，個々の要素の関係づけをマップの中から発見していく。最後の１Ｈ（「どのようにして解決するのか？」）で，家族との生活や自分のこだわりを意識した，よりよい解決策の決定を促すのである。

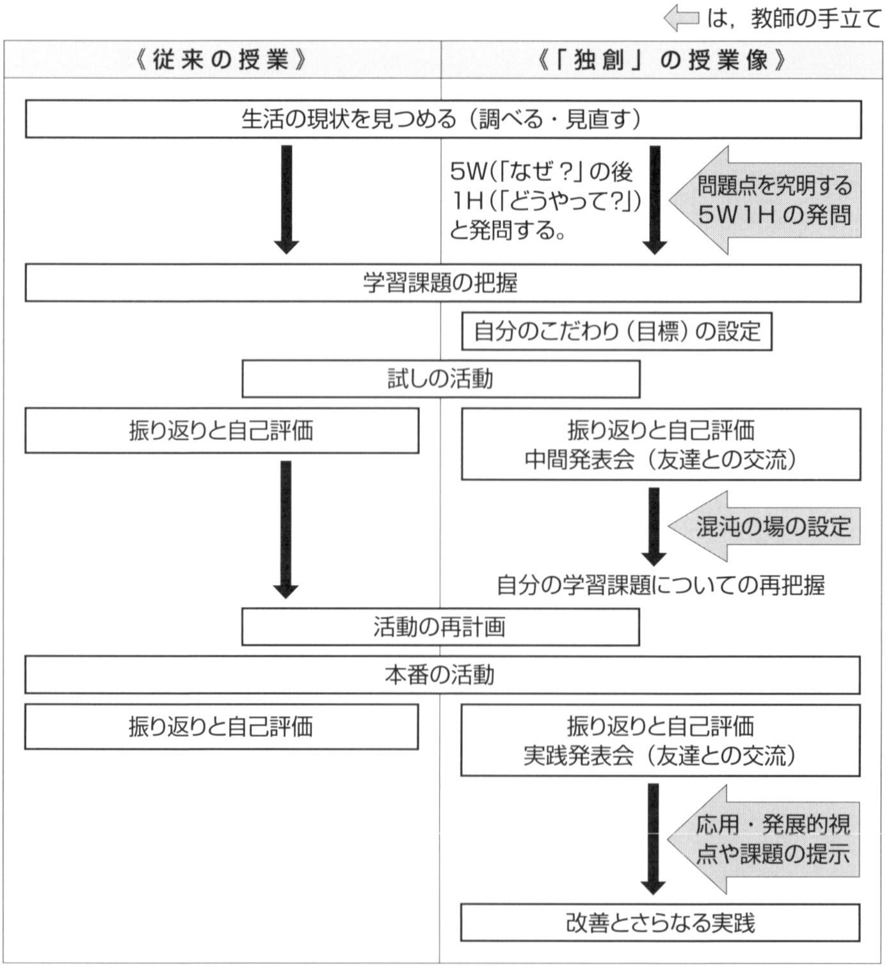

図４　自分らしく生活を再発見する力や態度を育てる「独創」の授業像

4 家庭科における「『独創』の授業」の具体と実践

❶ 高学年

題材名：第5学年「おいしいごはんとみそしるを作ろう」

授業時数：全10時間

① **題材構成**（10時間）＊丸数字は，時間数

① 第１次，第２次は，「生活を自分らしく創意工夫する力や態度を育てる『独創』の授業」

① 第３次，第４次は，「生活を自分らしく再発見する力や態度を育てる『独創』の授業」

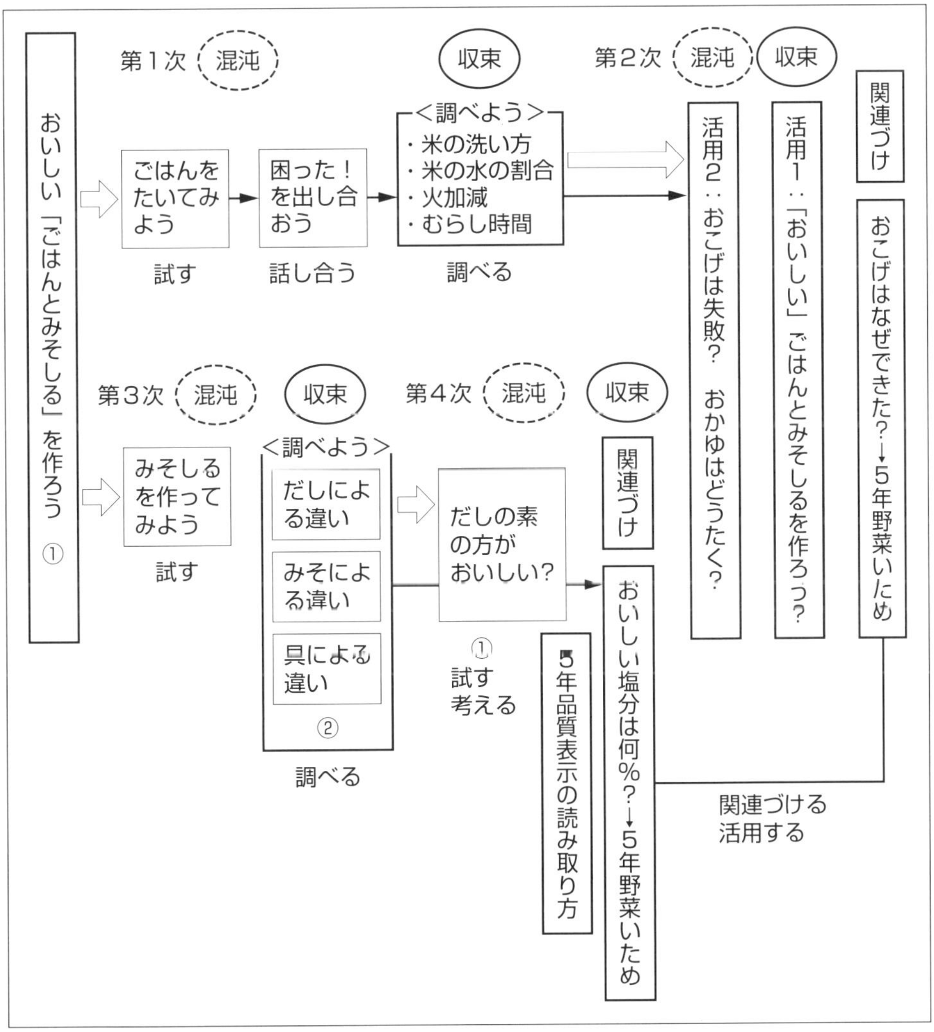

図５ 大題材「おいしいごはんとみそしるをつくろう」の題材構造図

②　題材の目標

○５年時の調理学習との関連をつかみ，炊飯調理の仕方を理解して，おいしいごはんを炊くことができる。

○だしや塩分の違いによるみそしるの違いやみそしるの作り方を理解し，自分の家庭で好まれるみそしるを作ることができる。

○健康や家族の好みを踏まえたごはんとみそしるを自分なりに考え，手順を工夫して作ることができる。

③　授業の実際（題材名「だしの素の方がおいしい?」）（4/10時間）

写真３　だしの素と煮干しを食べ比べてみる

ここでは「生活を自分らしく再発見する『独創』の授業」例について述べる。

家庭科では「生活を見つめる目」を育てる。視点をもって生活をよく観察させる。すると，今まで見えてこなかった生活の在りようが見えてくる。今日家庭でよく使われているだしは，だしの素である。そこで，だしの素と，にぼしだしとを味見する活動から始める（写真３）。すると，おおかた「だしの素の方がおいしい」と感じる子が圧倒的になる。「煮干しは，魚くさい」という声も出る。

そこで，「どうしておいしく感じるのかな？」と問う。「鰹を使っているからだよ」「煮干しより鰹の方が，おいしいんだよ。きっと」という声がする。

ここで子どもたちにこうたたみかける。「このおいしさの違いは魚の種類によるものなのだろうか？　他に考えられることはないだろうか？」

しかし，子どもはもう結論は出たと言わんばかりの顔をする。続けてこう投げかける。「では，こんな実験をしてみましょう。煮干しだしに，ほんのひとつまみの塩を入れて，だしを飲んでみましょう。どうなるかな？」

子どもたちは，いそいそと塩を加えてだしを飲んでみる。するとあちこちから驚きの声が揚がる。「おいしい！」「何でだろう？　おいしい！」

そこで問う。「なぜ塩を加えただけでおいしくなったのだろう。さっきのだしの素の味と何か関係があるのだろうか？」子どもの意識に意図的な混沌の場をつくる。

そこでこう切り出す。「だしの素って何が入っているのかな？　それはどうやって調べたらいいかな？」

これは既に５年生で学習している内容である。品質表示の読み取り方だ。よって，子どもからはすぐに「だしの素の品質表示を調べればいいんだ」と反応が返ってくる。

ここでだしの素の品質表示表を資料として配る。

「あっ，塩が入っている！」「そうか。だしの素には，最初から塩が入っていたんだね！」子どもたちは，だしの素の秘密を知って，驚きの声を挙げる。

そこで学習をさらに深めるために，次のような発問を行う。

「だしの素の方が，煮干しだしよりも，おいしいのだろうか？」

すると，子どもたちから「もう一度塩を入れた煮干しだしとだしの素とで味比べしてみたい！」という声が挙がる。

「そうだね。同じ条件で比べてみなくてはいけないね。よい点に気付いたね」

教師は，子どもたちの気付きを評価する。そして困った顔をする。もう一段階，この学習を深める必要があるからである。子どもの気付きをさらに揺さぶるのである。この教師の困った表情から次の課題に気付く子どももいる。そうした子どもが出てこないときには，声に出して言う。

「困ったな。塩を入れればいいんだけれど，だしの素と同じくらいおいしくするのには，どれくらい塩を入れたらいいんだろう？」

子どもたちは，調べてみたくなる。「そんなの調べればいいよ！」

そこでもう一度揺さぶる。

「中に入っている塩の量によって，おいしさは変わるのかな？」

実は，塩分の違いによっておいしさが変わったと実感した題材を，子どもはすでに経験している。それは，「野菜いため」の学習である。

野菜いためでは，調味に塩を使う。そこで，どれくらいの塩分を使うと「おいしい」と感じるのかをすでに学習している。その既習内容とこの学習とを関連づける。

「以前，どれくらいの塩分を入れるとおいしいと感じるのか，学習したことがあったね」この教師の投げかけで，子どもは顔をぱっと輝かす。

「そうだ！。野菜いためだ！　１％くらいの塩分がおいしかった！」

「そうか，そういうことか。前にやったね」

これまでに学習した事柄が，次の学習を豊かにする。この経験が，子どもに学ぶことの意義や楽しさを伝えるのだ。

ここで，「でも，本当にそうなの？」そう言う子どもが出てくる。この「『独創』の教育」では，こうした子どもを育てる。また大いに評価する。そうなのだ。やってみなくては分からない。「いい発言だね。うっかり先生も試しもしないで１％の食塩ならおいしいと言いそうになったよ。みんなで試してみようか？」

発言した子も周りの子も笑顔でいっぱいになる。こうして，だしの素だからおいしいという思い込みから脱却し，子どもは生活を再発見する。「生活って奥が深いなあ」。こう言う子どもを育てるのが「『独創』の教育」である。

5 成果と課題

(1) 成　果

「『独創』の授業」の実践を通して，以下の4つのことをつかむことができた。

① 子どもの実態把握がこの授業の要件

混沌の場を意図的に設定するという指導法は，子どもが何に興味をもち，驚き，どう考えるのかを把握できていなければ成立しない。授業の途中できらりと光る発言やつぶやきを，瞬時に取り上げて評価する教師の「評価力」も問われる。家庭科の場合は，子らの家庭生活や価値観についても把握する必要があることも分かった。

② 「見える化」という手立ての有効性

子どもの学びの場は，学校だけではない。家庭科では家庭での実践も視野に入れて学習を展開する。子どもの学びがどう連続し，高まっているのか，その把握が必要である。これらの実践を，観点を定めてグラフ化するなどして「見える化」しておくと，活動の様子を友達や教師とも共有化することができる。製作計画表などのポートフォリオ記録や毎時間の学習の「振り返り」の記録，友達とのコメントを書いた付箋のやりとりなども有効な「見える化」の手立てとして有効であることも分かった。

③ この学習における家族と環境という2つの視点の導入の有効性

家族は最も身近な「他者」である。また身の回りの環境は，最も身近な「自分を包むもの」である。これらは子どもには気付きにくい。よって，授業の中でこれらを意図的に導入すると，子どもの発想は刺激され，広がり深まることが分かった。

④ 学び合いの場の有効性

関わりながら学ぶこと。これが「自分らしさ」に子ども自身が気付いていくための最も有効な手立てであった。それは初め友達を「まねる」ことから始まる。安心してまねし合う場。そして，そこから「まね」にあきたらなくなる場へ。教師が意図的に学びを揺さぶる必要があることも分かった。

(2) 課　題

「『独創』の教育」を実践する中で，授業に刺激されて，どんどん自ら学び続けていく子どもたちの姿を見ることができた。しかし，これらの自ら学び続けていく子どもの中には，周囲に発信して周りの友達をも巻き込むところまでには至らない子どもたちもいた。家庭科は，関わりの力を育てる教科である。今後は「関わりながら自分たちの学びを拡大し続けていく『台風の目』のような子ども」をさらに育てていきたい。それを具現化する方法を追究していきたいと思う。

8 体育科の「『独創』の授業」

1 体育科の「『独創』の授業」像の構築

(1) 体育科における，具現化したい「独創」の学びの姿

体育科では「『独創』の教育」で目指す子ども像を以下のように考えた。これは研究1年次の案をもとに2年次に改変したものである。

体育科における「『独創』の教育」で目指す子ども像

① 運動，運動学習への興味・関心をもち，失敗をしても課題に繰り返し，意欲的に取り組める子。
② 運動を楽しみ，発達段階に合った技能・感覚を身に付けている子。
③ 身に付けている，技能・感覚，知識を自分なりに活用，アレンジできる子。
④ 運動を観察し，技能ポイントを見つけ出すことができる子。
⑤ 自分の考えを分かりやすく仲間に伝えることができる子。
⑥ 仲間の考えや方法を参考にして，自分なりにアレンジできる子。
⑦ 仲間と違った動き，方法に価値を見いだしている子。

改変の視点は，体育科で育てたい「独創」を，

運動に対する認知的な理解を深めたり，新たな視点で動きを観ることや，それに伴う動きの変化の現れ。

と，２年次から，運動の観察場面，認知的な学習場面により注目したことによる。

①・②は一般的にも体育科で求められる子ども像である。③〜⑦に本研究テーマの特色が表れている。これらの考察から得た「体育科における，具体化したい『独創』の学びの姿」は，以下の通りである。

体育科における「独創」の学びの姿

身に付けた知識や感覚を使って，運動のポイントを発見したり，相手との関係を意識しながら自分なりに動きやルールを工夫，アレンジできる。

体育科における「独創」は，「運動・スポーツを遂行（できる・上手になる・勝つ・

つくるなど）するために考える」「考えたことを確かめながら運動する」という「運動」と「思考」の往復運動の中に生まれてくる。そのための土台が，前述子ども像の①・②に当たる部分と言える。

(2)　体育科の「『独創』の授業」を支える条件

①　「『独創』の教育」を阻害するもの

「『独創』の教育」を支える条件を考えていくにあたり，それを阻害するものを拾い上げて逆説的に考察してみたい。

ア．一人一人の運動課題が異なっている

いわゆる“めあて学習”のような個々の課題が異なる授業では，課題を共有することができず，集団で学ぶ意味が極めて希薄になる。自分の課題とは関係ない動きや，考えに共感したり，それについて意見を求められても無理なのは当たり前とも言える。

イ．技能の実態に合わない運動課題

運動課題が難しすぎて，「『独創』の授業」を展開する以前に活動が停滞してしまうことが考えられる。失敗を経験することは「独創」を高める上で有効なことではあるが，失敗が重なり，成功への見通しがもてないような場合には意欲が低下してしまう。

ウ．教師が教えすぎてしまい，思考する場面を設けていない

いわゆる知識注入型，教師主導型と言われる授業形態である。

安全面を含めて教えるべきことを教えた上で，子どもに発見させる，考えさせる場面を設定しなければ子どもの「独創」を育むこととはできない。教師が「教えるべきこと」，子どもに「考えさせること」のバランスは常に配慮する必要がある。

②　子どもの「独創」が発揮される授業場面

子どもたちの「独創」を発揮させるために認知的学習場面を設定することが有効であることはこれまでも述べてきた。

具体的には，運動の観察場面を設けること。そのとき，観察する視点を明確にすること。これにより子どもたちの思考が活性化され，「独創」を発揮しうる場面をつくり出すことが可能になると考える。

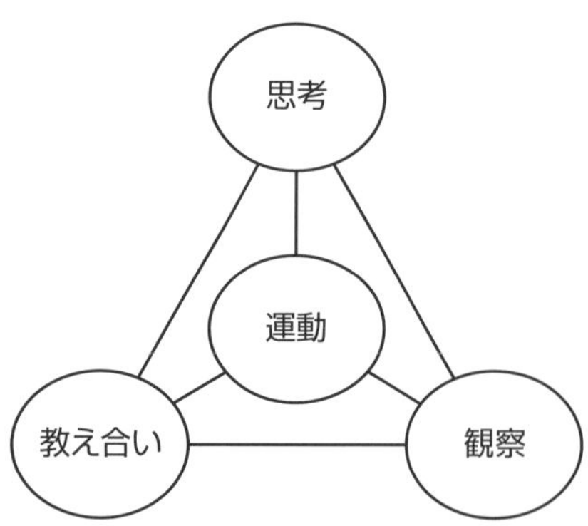

図１　「独創」の授業場面の関係

これを踏まえて，体育科における「独創」の授業場面の関係を図１のようにとらえたい。「独創」の授業場面を「運動に取り組んでいる場面」「運動を観察している場面」「思考している場面」「教え合い・お手伝いをしている場面」に分けて考える。授業は運動学習が活動の中心となる。そのため運動学習場面を中心に置き，その周辺に他の３つの場面を配置した。実践者であれば当然の感覚であるが，それぞれは独立して現れるのではなく，互いに有機的に関連し合っている。「教え合うために仲間の運動をよく観察する。観察した結果から，なぜうまくいっていないのかと思考して，よりよい解決方法を見いだしていく」という過程はその一例である。

1）思考する場面

「『独創』の授業」に最も適合する授業場面である。運動学習場面，体を動かす場面とのバランスには十分考慮したい。

思考する内容としては，運動のポイントに関すること，運動をアレンジ・創作すること，ゲームのルールづくり・改変などがこれにあてはまる。

2）運動を観察する場面

運動を観察させるには，それを有効に働かせるための視点がある。

例えば，動きのポイントが表出する箇所に注目させて観察させる。また子どもの考えを引き出すために誘導・発見させるような場合もある。あるいは，あえて思考が拡散するような抽象的な発問によって幅広い様々な考えを引き出すこともできる。

これらの手法を場面に応じて用いることで，子どもの思考が活性化するような観察の視点を与えて「独創」の場面をつくり出すのである。

3）教え合い・お手伝いをしている場面

仲間に運動のポイントを教える場合，教える側の子どもの実態は２通りある。１つは，そのポイントを自分自身実感してできるようになった，伸びを実感したという状態。もう１つは自分はできていなくてもそのポイントを知的に理解し，ある程度納得しているという状態である。そうでなければ，なかなかアドバイスはできない。

体育授業では，運動への取り組みは個として取り組むことが多くなる。しかしその個を取り巻く仲間の存在が大きく影響するのは現場教師であれば誰もが実感するところである。運動している子ども自身は，自らの動きを確認・認識することが難しい。そこで周りの仲間が運動を観察してやる。このとき，運動を観る目が育っていないと，彼らの意識は単にできる・できないに終始してしまう。運動のポイントを理解し，観察することを学習内容とすることで相互観察，教え合いも有効になっていくのである。

③ 教材による「『独創』の授業」

以上のような授業場面，子ども相互の関係性の中で，下記３分野の運動教材で「『独創』の授業」が有効に機能することが分かってきた。

1） 運動の再現を主眼とする運動
2） 創作活動のある運動

3）ゲーム・ボール運動

1）運動の再現を主眼とする運動（器械運動・陸上運動など）

再現を主眼とする運動とは，ほぼ同じ条件の下で繰り返し運動できるものである。同じ動きを繰り返し行うので，運動のポイントを教師が示しやすい。

また，前述の運動の観察場面，教え合い・お手伝いの場面を通しての運動の理解も進めやすく，その過程で技能習得の方法を工夫したり，考え出したりすることが可能で，「『独創』の授業」が有効に機能すると言える。

2）創作活動のある運動（集団マット・シンクロなわとび・ゲームのルールづくりなど）

創作活動を伴う教材では，自分（たち）の技能に合わせて演技を構成することや，ゲームを進める中で，クラスに適したルールを考え出すことを課題とする。一般的な「『独創』の教育」の授業イメージに最も近い教材であると言える。

演技を創ることは，見せ方，技の順番，回数，人数等を工夫することができる。ゲームのルールづくりでは，自分たちの技能や興味・関心に合わせて楽しめるルールを考える中で「独創」を発揮する。

3）ゲーム・ボール運動（おに遊び・ボール運動）

この分野の教材では，相手に勝つための作成を考えたり，相手との駆け引きを行うことによって，思考場面を設定することができる。

④　「『独創』の授業」を支える条件を整理する

マイナス要因，場面，教材と考えてきた条件を考察，整理すると以下のようになる。

ア．クラス全員で共通の課題に取り組んでいる。
イ．運動感覚・技能，知識の基盤が築かれている。
ウ．運動のポイントを明確にしておく。
エ．仲間の運動を観察することの意味を理解させる。
オ．教師や仲間が新しい発想や考えを積極的に評価し，価値づけをする。
カ．「できない」状況を経験させることで，改善しようという意欲をもたせる。

ア．クラス全員で共通の課題に取り組んでいる。

「(2) ①「『独創』の教育」を阻害するもの」（P.122）の項の，「一人一人の運動課題が異なっている」で触れている。ご参照いただきたい。

イ．運動感覚・技能，知識の基盤が築かれている。

運動の基礎感覚・技能，知識が身に付いているということは，そこまでの過程も経験しているということである。

次の課題に取り組む際に類似の感覚が身に付いていることは，課題達成のためには必須であるし，「できそう」「あの運動に似ている」と意識できることは，課題達成までの手順・道筋といったものを考え出すのに有効である。

小学校初期から，多くの運動感覚・姿勢感覚を養っておく必要を再確認したい。

ウ．運動のポイントを明確にしておく。

教師が運動のポイントを明確にもっていることで，運動観察場面で観る視点をはっきりと示すことができる（意図的にはっきりさせない場合もある）。

また，子どもがポイントを理解していれば，それぞれの技能の習得も進みやすい。さらに教え合い，お手伝い等の「独創」が現れやすい場面も設定しやすくなる。

エ．仲間の運動を観察することの意味を理解させる。

仲間の運動を観察することで運動に関する理解が深まり，自分と仲間の技能も伸びる。また，うまくできない仲間は“昨日の自分”であり，うまくできるそれは“明日の自分”である。仲間の動きや，言葉を媒介として自他の動きをフィードバックできることを理解させたい。仲間に伝える，さらによい動きにするにはどうしたらいいか考えるという発展も考えられる。

オ．教師や仲間が新しい発想や考えを積極的に評価し，価値づけをする。

新たな視点をもって取り組んでいる子，その視点を広めようとしている子を積極的に評価する。「○○君のおかげでできるようになった子がいるね」「みんながしきるように□□さんの技を見てみようか」「△△さんは数を増やすためにこんな工夫をしていたよ」という評価をすることで，クラスの子どもたちに価値づけをすすめる。

カ．「できない」状況を経験させることで，改善しようという意欲をもたせる。

学習の中に高すぎない，適度な壁を設定することで，子どもの工夫，「独創」が見られることがある。意図的混沌と呼べるものである。“できそう”なんだけど“できない”“○○君はできた”という状況がつくり出せれば，子どもたちの動きも思考も活性化する。

(3) 体育科の「『独創』の授業」の核となる指導法

研究企画部は指導法の核として，意図的な混沌の設定を挙げている。体育科ではこれを「思いを生かし，思考力を高める授業づくり」ととらえた。子どもに運動への思いをもたせ，その思いから真剣に，切実感をもって考える場面を設定することである。

① 思いをもたせる教材設定

「できるようになりたい」「おもしろそう」という思いは，各発達段階において身に付けるべき基礎感覚・技能，知識が身に付いていて，それを生かした教材配列・提示がされているということが大切になる。「できそう」と思えない教材は，「おもしろそう」とは感じない。

② 思考力を高める指導のあり方

思考力を高めるためには，考える材料を提示したり，視点を示したり，まとめさせたりする必要がある。そのための手立てを以下のように考えている。

○運動観察場面を設定する。
○発問や，内容に関する指示をする。
○分かったことや，考えたことをまとめさせる（学習の途中や終末）。
○ゲームのデータを示す。
○教え合いの場面を意図的に設定する。
○運動を，動きそのものの言葉で表したり，擬態語や擬音語で表したりする。
○連続技や集団での動きについて，サンプルを示して発想のもととさせる。
○最低限のルールを示し，ルールについて意思合意させる。
○必要に応じて作戦を工夫させる。

子どもの考えは，「話す」「書く」などの言語を通して表出される。

2 体育科の「『独創』の授業」像の提案

前述した３種類の運動教材について，２つの授業像を提案したい。運動の再現を主眼とする運動教材では，運動観察場面，教え合いの場面に「独創」の姿を見ることができる。創作活動のある運動教材，ゲーム・ボール運動教材では，試行錯誤の創作場面，勝つための思考場面にそれを見いだすことができると考えている。

(1) 運動の再現を主眼とする運動の授業像

図２（P.127）の「運動を試す」のは危険のない範囲で試せることに限られる。
この段階で，クラスの何人かは「できた」という経験になる。全員が「できない」のでは，それは難しすぎる課題と言える。「○○君はできた，自分にもできそうだ」という思いをもたせることが必要である。この意識が「意図的混沌」の状態をつくる。

なわとびなどでは“子ども先生”という役割をつくって「教え合い活動」に特化した活動も設けるため，別のルートを設定してある。

(2) 創作活動のある運動教材，ゲーム・ボール運動教材の授業像

創作活動やボールゲームでは，思考の幅が広くなる。できるかどうかを試しながら創作したり，相手や自分たちの技能との関係から作戦を変えていったりと，思考と運動との往復が多くなると言える（P.127図３）。創作活動に設定した，「作品発表」は意欲を高め，それを持続させる。創作活動の意味づけの面からもぜひ設定したい。

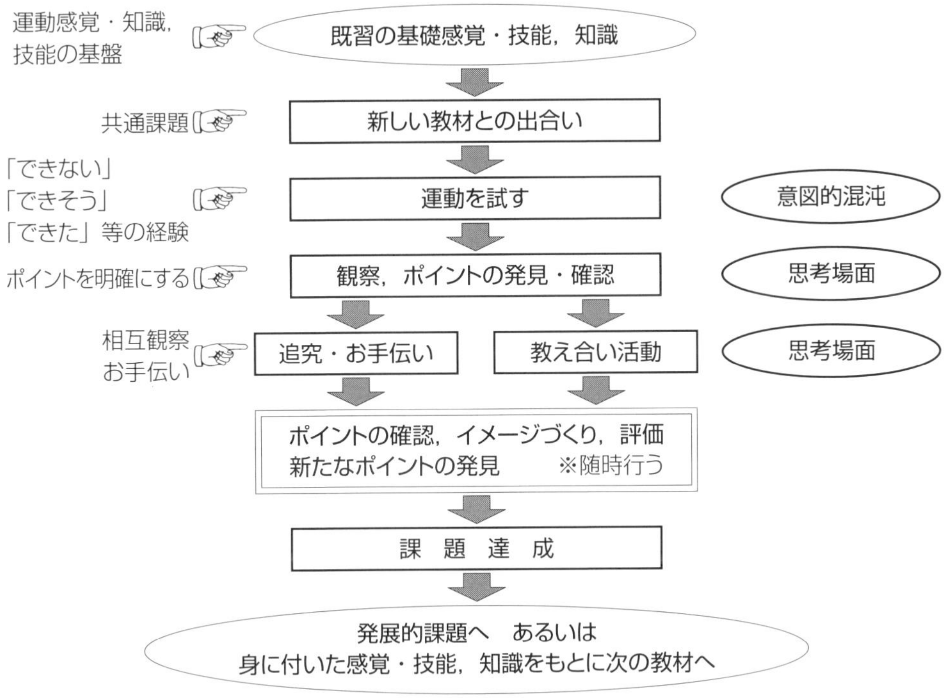

図２　運動の再現を主眼とする運動の授業像

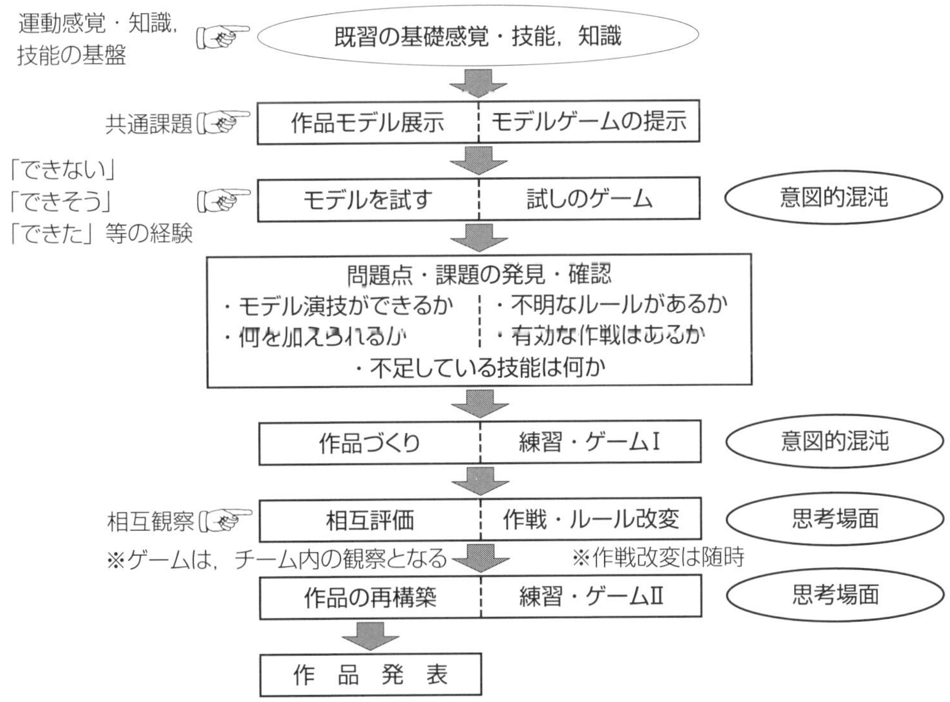

図３　創作活動のある運動教材，ゲーム・ボール運動教材の授業像

3 体育科における「『独創』の授業」の具体と実践

❶ 低学年 「独創」の授業例

単元名：第２学年「短なわ二重回し・わたしの先生」

① 新しい教材との出合い

２年生の二重回しの場合，子どもたちは，教材には既に“出会っている”と言える。

日常化された運動遊びとして，上級生も同級生も二重回しを含めた様々な技を練習したり，競い合ったりして楽しんでいる。加えて，運動会の全校種目「二重回し競争」も１年生のときに見たり，参加したりしている。

それでも，授業で二重回しを扱うと歓声を揚げ，目を輝かせて取り組む。子どもにとっては，それくらい魅力的な教材なのである。

こういう思いをもって運動教材に取り組めるように仕組みたい。

子どもの実態としては，速回しの“30秒とび”を継続的に扱ってきているので，二重回しがまだとべない子も，なわ回しの技能は相当に高まっている。

② 運動を試す

10回とべるかどうかを試してみる。10回成功すれば，教師が見取って“子ども先生”に認定する。できない子も，仲間の幾人かはとべている状況からも，「とべるようになりたい，先生になりたい」「自分にもできる」という思いは強くもっている。

この状況が“意図的混沌”である。とべている子，あと１回・２回の子，１回がやっとの子などが入り交じって，同じ場で思いをもって活動しているという状況である。できない子には，１回だけ二重回しをして座りこむ「こしぬけ二重回し」，その後，１回旋１跳躍でリズムを整えて二重回しにつなげる「かいだん二重回し」などの方法も伝えて挑戦させる。

繰り返しになるが，なわ回しの技能を高めておかないと，この混沌は生まれない。１回旋１跳躍で速くとべない段階では，二重回しが“できる”“できそう”という集団にはならない。単元前から準備して意図的につくり出している状況ということである。

写真１ とべる子をモデルに

③ 観察，ポイントの発見・確認

とべる子をモデルに，二重回しのポイントを発見させる。子どもが運動について思考する場面である（写真１）。速回しの学

習で得ている知識から，脇をしめた姿勢，手首でなわを回す，つま先でとぶなどは発見されやすい。

高く跳躍するさいに，膝を軽く曲げる，跳躍に合わせて２回速く回す等を，見る・きくポイントと定めて観察することで発見しやすくなる。

④　教え合い活動

上記を踏まえて教え合い活動に入る。

ポイントは共通に理解していてもすぐにできるようになるとは限らない。うまく伝えることができない，分かっていてもできないということは多々ある。そこで，どう教えるかを思考することになる。

写真２は，なわを回していくうちに脇が開いてしまう仲間に，脇が広がらない方法を考えてやっている場面である。

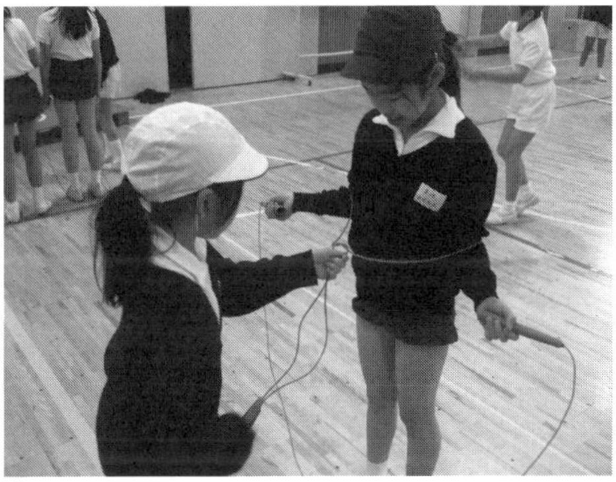

写真２　教え合い活動

活動の最中には，とべるようになった子，そのときの先生，教えてあげたこと等を評価していく。

⑤　課題達成

速回しを習熟させておいたこともあり，ほとんどの子が課題（二重回し10回）を達成することができる。達成する人数が多ければ，後ろ二重回しに発展していくこともできる。

❷ 中学年　教材の違い，発達段階を考慮した「独創」の授業例

単元名：第３学年「だるま回りの連続技」

①では運動再現性を主眼とする教材を例に実践を挙げている。創作活動のある教材での実践から授業像を考察し，発達段階や経験の違いで考えられる授業像も挙げてみたい。

①　作品モデル提示

写真３　作品モデル提示

だるま回りの前回りと，後ろ回りを組み合わせる教材である。単純な動きをもとに「上がる→回る→下りる」のモデルを提示する（写真３）。技が多いほど組み合わせのパターンが広がる。３年生の段階では単純な動きをもとに，組み合わせを楽しむ程度

で十分である。

ここで，子どもたちは「どうしたら」「どのような動きに」「前を何回回ればいいのか」「後ろから回っていいのか」などと考える。ここに意図的混沌場面を見ることができる。

> 学年が進んだ高学年，あるいは創作活動を経験しているクラスであれば，モデルを提示しないことも考えられる。最低限の条件を示し，それぞれに試すことから入り，混沌の状態を経て，さらに条件を絞ったり，そこからモデルを導き出すという手法もあり得る。

② モデルを試す，課題の発見・確認，作品づくり

モデルの組み合わせを試し，できなければ組み合わせを変えたり，モデルの組み合わせの練習をする。できていれば発展的に数を増やしたり，組み合わせを変えたりしていける。

お手伝いが必要な場合は，班の仲間に手伝ってもらって進められるのも，この教材の利点である。自分の技能が低いと感じれば，だるま回りそのものも個人の課題となる。また，この教材でだるま回りの経験値を高めることで感覚が高まり，だるま回りができるようになることも十分にあり得る。

③ 相互評価，作品の再構築

本教材では，単元の中では早めの設定となり，何人かの仲間の動きを観察させた。組み合わせの工夫の視点としては以下のようなことが挙げられる。

教師もこのような観点で評価を加えることで，子どもは自己の連続技を見直すことになる。

① 方向→どちらの回転か
② 回数→何回回ればよいのか
③ 何回繰り返すのか
④ つなぎのスムーズさ
⑤ バリエーションをどう変化させるか
⑥ スピードの変化
⑦ 上がり方は

写真４ だるま回り

このように仲間の組み合わせから情報を得て，自己の動きを見直す場面でも意図的混沌，思考場面を設定することができる。

> 高学年，あるいは創作活動を経験しているクラスであれば，創作の視点を示しておいた上で，個々，あるいはグループ別それぞれに相互評価活動を設定するこ

ともある。低学年では教師の評価だったものを子ども相互の評価にゆだねていくことも少しずつ可能になる。

④ 作品発表

作品発表は，創作の意味づけを強化するためにも欠かせない。

ここで得られる評価も，子ども同士の相互評価である。思いを共有してつくってきた作品を見合うことで，一緒に学ぶ意味を実感することになる。

4 成果と課題

(1) 成　果

体育科では，運動に関する思考力を高めることを「『独創』の教育」における「独創」として考えてきた。

そこから，子ども・教師ともに，運動習得に関して必要となる，同じ情報でも，伝達するだけでなく，“仲間と学ぶ空間と時間の中で”発見していくこと，考え出していくことをより重要視するようになってきている。

思考の場面を意識的に設定することで子ども・教師の経験値も高まり，子どもは既習を生かして観察・思考し，焦点化された議論ができるようになってきている。教師も，効果的な観察の視点を示すことを常に考え，その適時性も吟味するようになっている。

思考し，そこから新しいもの，価値あると思えるものをつくり出すことに意味を見いだす。それが自分と仲間の成長に有益であると思える授業づくりができつつあるということである。

(2) 課　題

「『独創』の教育」で体育科が直面した課題，それは，運動学習（実質的な身体活動）と，思考場面のせめぎ合いである。

時間をかけて個々が思考し，考えをぶつけ合い，新たな知見を得るという活動は，体育独自の価値であり子どもが最も欲している運動学習の時間を奪うことにもなる。このバランスをとることが最も難しい教科が体育科かもしれない。

その部分の絶対的正解は得られていない。正解はないのかもしれない。体育は系統，積み重ねが重要と言われるように，低学年から少しずつ思考場面を取り入れることで，短い時間でも，焦点化された有益な思考場面をつくっていくことが課題であると言える。今後の研究の継続・蓄積に期待したい。

道　徳

9 道徳の「『独創』の授業」

1 道徳の「『独創』の授業」像の構築

(1)　道徳における，具現化したい「独創」の学びの姿

どの領域でも多かれ少なかれあることだが，道徳教育においては特に，築き上げら

図１　授業場面１（問題意識をもって問いに向かう子どもの姿）

れた学習内容（道徳的価値）を習得（修得）するという性質が強い。だからこそ，自ら問いをもち，ときには「正直にしなさいとはよく言われるけれど，本当にそれでいいのだろうか」と自ら問題意識をもち，「ああ，そういうことか」と子ども自らが道徳的価値について再認識・再構築する姿が学習過程の中で見られるようにしたい。

①　問題意識をもって問いに向かう子どもの姿（図１）

子どもたちはよりよく生きたいと願っている。それを出発点にする。

②　価値観の再構築－固定概念を問い直す－（図２）

分かっているつもりだったことを一度崩し，再度創りあげる。

ここで紹介した２つの授業場面は，実際に私の学級で起きたことである。子どもたちは，授業中に「おお～！」「なるほど！」という驚き，発見，感動を共有する。

図２　授業場面２（価値観の再構築）

(2)　道徳の「『独創』の授業」を支える条件

① 人間としての学習点に立つこと。

道徳は何を言ってもよいとはよく言われるものの，どうしてもよい人間を演じがちである。しかし，それは本来の人間ではない。完璧な道徳的人物像を目指すという立地点では調子のよいことを言う人間を育てるだけである。「人は分かっていてもできない時もあるし，『徳目』的には正しくてもしない方がよい場合もある」ということを共通認識の上に授業を進めたい。そこからはじめて自分自身の言葉が生まれてくる。それが，お互いの心に響く言葉である。

② 子ども同士の気付きが生かされ積み上げられていること。

子どもたちが自分自身の言葉で語り始めてこそ，互いの意見交流が可能となる。借り物の言葉でない，経験に裏打ちされた言葉は力をもつ。それこそが自分だけの「独創的な言葉」である。子どもたちは互いの意見を真剣に聞き，自己開示し，新たな高みへと導き合っていく。

③ 深く考えさせること。

既成の知識や借り物の言葉で答えらしきものを導き出せるような問いではなく，自らの経験をもとに考え，何度も自らに問いかけるような発問が要求される。そのような深く考えさせる問いをすることによって，子どもたちは自ら問いを抱くようになる。

(3)　道徳の「『独創』の授業」の核となる指導法

○深く考えさせる発問の工夫

いつでもどこでも通用するような発問は，一般性はあるが子どもたちの心に響かない。そうではなく，自分自身の体験や気付き，思いなどすべての力を込めて考えなければならない問いを創造する必要がある。そのような問いには次のような特徴がある。

・その発問をもとに，子ども自らが問いをもち，深めていくようになる
・本質を追究するので，実生活の実践につながるようになる
・何度も繰り返して問うことができる。そのたびに深まっていく。

(4)　道徳の「『独創』の授業」における評価

人が人を査定したり，数値づけしたり，表面的な言動から判断したりできるものではない。特に授業においては，知識・技能の習得が目的ではないので，自ずと他教科とは異なる評価が必要となる。具体的には次の２点である。

①子どもの考えに「価値づけ」ではなく「意味づけ」をしてやること。
　→「あなたの言いたいことは，こういう意味ですね」
②よりよく生きようとする姿勢を「認めて」やること。
　→「なるほど，そういう生き方っていいねえ」「そういう人になりたいね」

2 道徳の「『独創』の授業」像の提案

(1) 子ども自身が価値観を再構築する

道徳的な価値というのは，様々な要素が構造的に組み合わさっている。単純に，道徳的によしとされる価値が，現実場面で一番ふさわしい行動基準になるかどうかは分からないのである。例えば，「誠実・明朗」という内容項目を考えてみよう。正直にするという行為は，「思ったことを正直に言う」ということであるが，では，どんな場面でも思ったことをストレートに言えばよいかといったら，けっしてそうではない。どうしても正直にできないときもあるし，あえて正直に言わない方がよい場合もあるであろう。このように考えてくると，「正直にすること」と「現実に誠実に生きる」ことは，同じように見えて異なることが分かってくる。

「正直にする＝思ったことを隠さずに言うこと」は真であるとしても，その逆は真ではない。「思ったことを隠さずに言うことが，私たちがよしとする道徳的に価値のあること」にはならないのである。

このように考えてくると，一般的に道徳的に価値のあると思われることを教え諭し，実践できるようにするという授業モデルは，そのままでは実際の人間の教育にはあてはまらないということが分かってくる。そこには，子ども（学習者）と教師（指導者）が相互の独創性（オリジナルな独自性）を生かしながら授業を構築していくという姿勢が必要なのである。

(2) 単元レベルの「『独創』の授業」像

① 一般的な単元レベルの道徳の授業像

1つの内容項目について，複数時間扱いで学習する。

【例】① 図工の時間に，仲間と協力して作品を制作する。
② 道徳の時間に，資料を使ってよりよい学級の仲間について学習する。
③ 学級の時間に，みんなで協力してお楽しみ会を企画，実践する。
④ 国語の時間に，お楽しみ会の感想文を書く。
⑤ 道徳の時間に，感想文をもとにして仲間と協力することの大切さを学習する。

② 道徳・単元レベルの『独創』の授業」像

① 「知っているつもり」を「あれ!? 分からなくなっちゃった」という，「混沌」の状態に落とし込み，子どもの問題意識を喚起する。
② 道徳の時間に，人間としての本（もと）を学ばせる。
③ 教師は子どもの多様な反応を集約し，意味づけし，整理してまとめる。

(3)　１単位時間の授業レベルの「『独創』の授業」像

①　一般的な１単位時間の授業レベルの道徳の授業像

１つの資料を通して，登場人物の気持ちを聞いていき，最終的に自分自身と重ねるように指導する。

【例】①　学習者（子ども）自身が，親切にできなかったときの気持ちを考える。
②　資料を読み，登場人物が親切にできなかったときの気持ちを考える。
③　登場人物が親切にできたとき，どんな気持ちになったかを考える。
④　学習者（子ども）自身が，親切にできたときの体験を想起する。
⑤　教師の説話を聞く。

②　「ザ・独創」の１単位時間の授業レベルの道徳の授業像

①　親切にはよい面もあればよくない面もあることに気付かせる。
（強引に席を譲る・譲らせる，という行為の妥当性について考える。）
②　資料の中から，親切のよい面とよくない面を見つけ出し，その理由を明らかにする。
③　本当に人に親切にするとはどういうことなのか，それをすることによって自分自身にどのような「気持ちよさ」が生ずるのかを再認識する。

道徳の授業は，学習者一人一人の心情を高めることをねらうため，資料の中の登場人物の気持ちを問う発問がなされることが多い。気持ちを問うことで，心情に迫ろうというわけである。確かに心という目に見えないものを扱う学習である以上，気持ちを問うという学習過程は必要である。しかし，やみくもに気持ちばかり聞いても，心情に迫ることはできない。なぜなら「気持ち＝心情＝道徳的心情」ではないからである。気持ちには「よい気持ち」もあれば「いやな気持ち」もある。「心情的には許せるが，道義的には認めるわけにはいかない」などという場合もある。道徳的心情が動き親切な行為に及んだものの，相手が喜んでくれなかった，ということもあるであろう。

そのあたりをよく吟味した上で，「なぜこの登場人物は涙を流すほどうれしい気持ちになったのか」「どうしてこの人はこの場面で当たり前のことをするのをためらったのか」というような見えない部分への追究を行う。その結果，「ああ，そういうことか。この人は，だから嬉しかったんだな。自然に涙が出るほど心が動いたんだな」「なるほど，相手のことを思ったからこそ，『して当たり前のことをしない』という選択をこの人はすることができたのだな。こういう気持ちを本当のやさしさというのだな」などというような，より高次の，人としての心情に到達することができるのではなかろうか。

3 道徳における「『独創』の授業」の具体と実践

❶高学年　1単位時間の授業レベルの実践例
＜板書を創る＞
単元名：「誠実に生きる」
資料「手品師」

教師が，資料を通してたたき台としての解釈を板書する。それに対して子どもたちが意見交流し，板書に書き加えたり，書き換えたりしていく。その過程で，お互いの意見を分かち合い，各自が新たな価値観を構築していく。

【ステップ①】教師がたたき台を作る

意図的混沌

同じ行為でも，考え方によってはいいと思えたり，どうなのかなと思ったりする。
教師はそれを比較できるように選択肢を設けたり，違う観点から検討できるように図解したりしながらたたき台を提示する。子どもたちは少なからず混乱する。

【ステップ②】子どもが深める

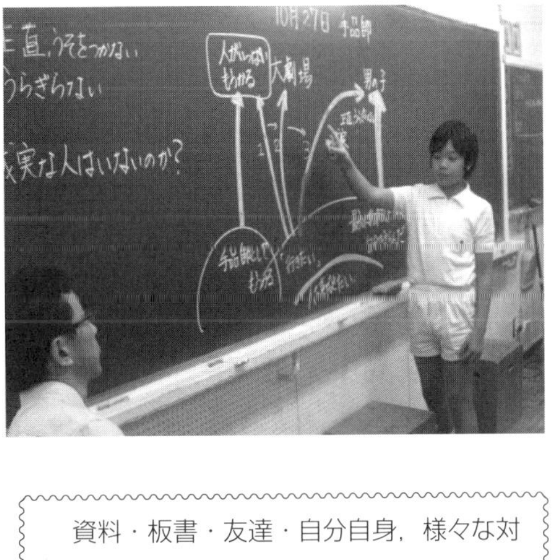

互いの意見を関係づける

お互いの意見を交流させながら，自分の考えを深め，広げていく。その過程で，友達の意見と自分の意見との関わりを意識させる。

【ステップ③】子どもが創り直す

資料・板書・友達・自分自身，様々な対象と『対話』を繰り返しながら，最終的に自分自身の「気付き」「納得」「意味づけ」を行い，価値観が再構築される。それに伴い，「みんなで創る板書」も目に見える形で『進化』していく。

【ステップ④】最終的にできあがった板書

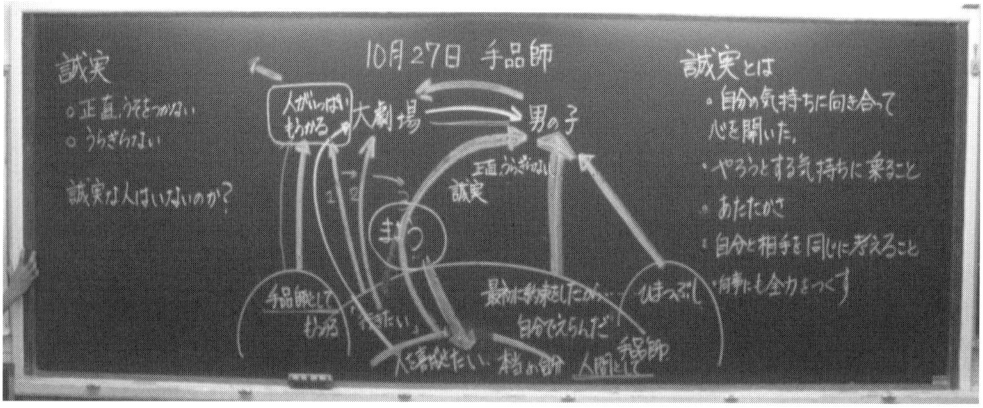

最終的にできあがった板書は，指導者が書いた図に変更が加えられ，手品師の行動が，人間の，より深いもとの心から発したものとしてとらえられている。

以下は，授業後に子どもたちが書いた道徳ノートの記述である。どの子どもも，授業で考えた共通基盤をもとに，そこにとどまらず，自分なりに考えを広げ深めている。

この記述からは，手品師が道徳的にどうかというよりも，人間としてどうかというような，深い人間信頼の心がうかがえる。

手品師は，男の子がかわいそうだからではなく，自分のために行ったと思う。男の子が自分を認めてくれたから。手品師が有名になってから男の子の所へ行ったのでは意味がないと思う。

手品師は，はじめはお金をもうけたいと思っていたかもしれない。私は，だから売れなかったんだと思う。でも，男の子と出会い，悩んで，人を喜ばせたいという自分の本当の気持ちに気付くことができた。それに気付くことができたのも，受け入れることができたのも誠実だったからだ。そして，根を直すことができた手品師は，次のチャンスはちゃんとつかめると思う。そして，そのチャンスをつかんだ手品師は，自分にしかできない手品をすると思う。

私は，この手品師は自分では得を得られないし成功もしないと思う。だけど，人に好かれるんだと思う。だから，今回の大劇場の話は消えたけれど，また人の手によってチャンスをもらうんじゃないかと思う。最終的には，この手品師は得をするのではないかと考えた。

自分の心を開き，本当の自分と向き合うことができた手品師は，誠実だし，かっこいいなと思った。

手品師が一番やりたいことは「人を喜ばせる」ことで，その目標を達成させる手段が「上手な手品で大劇場に出る」ことだったのだと思う。その自分の本心から真心をもってやったことには，「あたたかさ」が感じられる。

❷低・中・高学年　発達段階を考慮した実践例
＜同一資料を異学年で行う＞
単元名：「友を思う心」
資料名「二わの　ことり」

同一資料を用い，同じ問いで低学年・中学年・高学年で授業をする。学習材が同じでも，学習者の「学ぶ力」が育っていれば，自ずと到達点は異なるであろう。その子どもの反応から，「『独創』の授業」を検証する。

普通は，低・中・高の発達段階に応じて内容項目の構造を深めていく。例えば，「友情・信頼・助け合い」という内容項目は，学習指導要領では次のように区分けされている。

＜低学年＞　友達と仲よくし，助け合う。
＜中学年＞　友達と互いに理解し，信頼し，助け合う。
＜高学年＞　互いに信頼し，学び合って友情を深め，男女仲よく協力し助け合う。

この内容に合わせて，使用する資料も次第に複雑になっていく。そこで，低学年・中学年・高学年と時間をかけて同じ内容項目を学習し，少しずつステップアップを図っていくわけである。しかし，ここにも大きな思い違いがある。それは何かというと，

・一度学習した資料（内容項目）は，分かっているはずである
・分かっていることは，できるはずである

という思い込みである。しかし，特に道徳教育においてはそれはあてはまりにくい。複雑な構造をもつ「正直にする，誠実に生きるとはどういうことか」について，すべてを１単位時間で理解することはできない。たとえ頭で分かったとしても，理解できたつもりでいることが，実生活においてそのまま実践できるかと言えば，できないことの方が多いかもしれない。うまくいくときもあれば，いかないときもある。道徳の授業で学習したことを，後追い体験で「ああ，道徳の授業でやったことはこういうことだったのか」と，改めて気付くこともあるであろう。それが人間であり，それでよいのである。だからこそ，同一資料を使って低学年・中学年・高学年で同じ授業をすることにも意味がある。

本研究では，発達段階に応じた内容項目の理解を明確に把握するため，同じ資料を使い，読みの深まりを検証してみた。通常，道徳の授業では，一度使った資料は二度と使わない。なぜなら，「一度読んだら結果がみえてしまう」という固定概念があるからである。しかし，道徳の資料に書かれている結末が，求める答えではない。

使用したのは，「二わのことり」という低学年の資料である。これを低・中・高学年で行ってみた。

◆「二わのことり」の実践

本資料は複数の副読本会社で取り上げられている低学年資料の定番である。「友情・信頼」に関する内容項目をねらいとする授業に使われるのが一般的である。音楽会を開くうぐいすと，誕生日会をするやまがらの両方の家に招待されている鳥たち。みそさざいもその中の１羽である。はじめは華やかでごちそうのあるうぐいすの家に行くが，みそさざいだけがやまがらのことが気にかかり，途中からうぐいすの家を抜け出してやまがらの家に行く。ひとりさみしくしていたやまがらは，来てくれたみそさざいを見て涙を流す，という内容である。

友達思いのみそさざいの心の変容にスポットを当て，友達を思う心の大切さを感じ取らせることがねらいである。一般的には，ごちそうがあり華やかなうぐいすの家にいるときと，やまがらの家に行ったときのみそさざいの気持ちや，みそさざいが来てくれたときのやまがらの心情にスポットを当て，友達を思う心や友達に思われる心を明らかにしていく。

本研究では子どもたちの価値観の再構築を意図的に仕組むため，資料を表面的に流すのではなく，一歩突っ込んだ発問を考えた。具体的には資料の中の「よかったね」という言葉に着目し，吟味したのである。「うぐいすの家に来てよかったね」「やまがらの家に来てよかった」この２つの「よかった」の質の違いや意味について，発達段階に応じてどのような反応があるかを検証したのである（図３）。

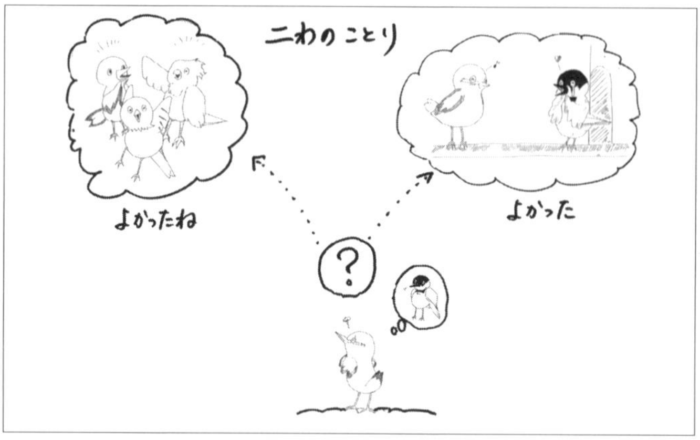

図３　「二わのことり」

①　低学年での実践

１年生では，やはり「みそさざい」の行動のよさが焦点になった。

「よかったね」を素直に，「やまがらの家に行ってあげられてよかった」「みそさざいさんが来てくれてよかった」というように解釈している。この子どもたちの意識には，一人寂しくしているであろう「やまがら」に対する，思いやりの心が感じられる。この資料を通して学んだことを，実際に自分たちの思いとして表しているのである。

私はそのような子どもたちの反応に対して，「みなさんも，みそさざいと同じやさしい心をもっているのですね。きっとみなさんなら，友達にやさしい友達になれそうですね」と意味づけをした。このような，「自分たちにも同じ心がある，できる」と思わせる，背中をちょっと押してあげることも教師の役割なのではないかと考える（図4）。

図４　低学年での実践

② 中学年での実践

これに対して中学年で行ったときは，より広く，分析的に考えることができていることに気付かされた。「うぐいすは悪くない」，と言うのである。うぐいすの家も「よかった」し，やまがらの家も「よかった」のである。ではこの２つの「よかった」の違いは何か。これを考えさせることで，「よかった」を質的に検討している。そこに道徳的価値観の入る必要性が出てくる（図５）。

図５　中学年での実践

図6　高学年での実践

実際，生活場面でどちらかが一方的に悪くて，どちらかが正しいということは，まずあり得ない。「選択肢としてどちらもあり得るけれど，今回はどうする⁉」という状況である。そのときに拠りどころとなるのが，より深い価値観と人間観である。

③　高学年での実践

高学年では，さらにおもしろい（複雑な）ことになってしまった。「うぐいす」肯定派がますます増えたのである。どちらの家に行っても「よかった」があるけれど，実際問題としてみそさざいは本当はうぐいすの家にいたかったのではないだろうか。なぜならうぐいすの家の「よかった」の方が，賑やかで楽しいから。ところが，そこでK君が，「みそさざいはやまがらのことを軽く考えなかった。だから嫌々行ったのではないのではないだろうか」という発言をしたのである。

そこから議論は白熱し，結果的に「やまがらの家に行ったみそさざいには存在感がある」との意見が導き出された。確かに，うぐいすの家はその他大勢がわいわいしている状態，誰がいて誰がいなくてもあまり関係ない。それに対してやまがらの家には，確実に友としてのみそさざいがいる。お互いの距離が目に見えて近い。心の距離もそうであろう。友とは相手の顔が見える，認め合うことができる，そういうものではないだろうかと気付き始めるのである。子どもたちは互いの意見に意味づけをし，認め合い，結果的に自らの考え方を広げ深めていったのである。

それからの展開は私の想像を超えるものであった。**図6**にも紹介したように，「先生，この『よかった』は，『ない方がよかった』の『よかった』ですね」とか，「先生，何でこの話の題名は『二わ』のことりなんだろう」とか，私も思わず「え⁉」とか「う～ん，そういえば……」と唸らされるものばかりであった。これこそが子どもたち自らが学びを広げる姿，つまり「独創の学び」ではないだろうか。

本時の展開の詳細は，平成24年度6月発行の研究紀要に掲載する予定である。

4 成果と課題

① 「価値観の再構築」について

子どもたちは長ずるにつれて，道徳的な価値について一種の行き詰まりを感じ始める。いわゆる現実との乖離である。これは子どもに限ったことではないだろうが。理想と現実，きれい事と本音，高学年ともなるとそれらを見透かしたような言動が見られることもある。これを思春期の特徴としていたしかたないこととせず，だからこそ子ども自身に考えさせることが必要となる。実際，高学年の子どもたちは，はじめは知っているつもり，分かっていることとして高をくくっていたことが，考えていくうちに次第に揺らぎはじめる場面が多々あった。そして，「では，どうして私たちはこのような価値観をもつに至り，それを大切に思うのだろう」という根本的な問いにぶつかり，自ら考え始めるようになる。次に「ああ，そうか」と納得し，再認識する。そのようにして得られた価値観は，人から押しつけられた価値観ではなく，自ら認め，獲得した価値観となる。だからこそ，真の実践力につながっていくのであろう。

このように考えてくると，「価値観の再構築」というキーワードは，特に高学年の児童において効果があったと言える。

② 「混沌」と「意味づけ」

低学年での「混沌」の設定は「混乱」になりかねない。あらかじめ基本的な下地をつくらないうちに例外を示すのは順序が逆である。低学年では，よいものをよいとする指導なり体験なりをきちんとさせる。よき本物に触れる体験である。そのステップを踏まえて，中学年では「そうは言ってもうまくいかないときがあるのはどうしてだろう，何が大切なのだろう」というように，価値を学ぶ指導から，人間としてのあり方を学ぶ学習へとステップアップしていく。そして高学年においては，多様な視点・価値観からものごとを吟味し，判断し，実際の自分自身の言動に反映させていくことができるようにする。つくられた価値観を，一度フラットな状態に戻し，そこから互いの意見・価値観を再認識し，認め合い，意味づけをしていく過程を通して再構築していく。このような発達段階に応じた設定が必要なのではなかろうか。

③ 評価と「意味づけ」

道徳における評価は，数値評価でも，その行いがよいか悪いかを判断する価値評価でもない。互いのよさを認め合い，賞賛し合う，意味づけである。

ここまで述べてきたことは本質論である。それをいかに現場の状況に合わせて，型にはめず，応用できるかが今後の課題である。そこに「『独創』の教育」の本質がある。

10 総合活動の「『独創』の授業」

1 総合活動の「『独創』の授業」像の構築

(1) 総合活動における，具現化したい「独創」の学びの姿

「『独創』の教育」が目指す子どもの姿は，本校の総合活動で育みたい子ども像そのものである。そこで，育みたい子ども像を「『独創』の教育」の視点から見直し，総合活動において重視し，育成すべき資質・能力を次のようにまとめた。

総合活動で育む「『独創』の教育」の基盤となる資質・能力

① 自らの欲求・関心に基づく課題（テーマ）を設定する力。
② 欲求の実現（課題の解決）に至る過程を見通し，自らの活動を企画する力。
③ 困難にもへこたれず，自らの目標に向けて，活動を継続する精神的なたくましさ。
④ 自分の「自分らしさ」への自負（自尊感情）。
⑤ 仲間の「その人らしさ」を認める優しさ。

このような資質・能力を養う学びの姿について，次のように考えた。

総合活動における『独創』の学びの姿

○既習・既得の「知識・技能・考え方・価値観」（今ある「自分らしさ」）を踏まえつつ，自分のよしとする考え（新たな「自分らしさ」）を模索し追究する活動に没頭する姿。
○仲間との関わりの過程を通して，発想したり創造したりした仲間の「その人らしさ」を認め，受け入れ，自ら活用する姿。

総合活動では，この学びの姿をすべての活動で具現化し，学ぶ力を身に付けていく子どもを育てたいと考えた。

(2) 総合活動の「『独創』の授業」を支える条件

次に，これらの資質・能力を育てるための授業づくりの条件を以下のように考えた。

総合活動における「『独創」の教育」の授業づくりの条件

○「新しさ」と「自分らしさ」の追究

○「試行錯誤」の場の設定

総合活動における「『独創』の教育」では,「自分らしさ」と「新しさ」が,その根本を支えるキーワードとなる。既習の経験・体験を生かしつつ,「これまでの良さ」を超え,あえて,新たな方向性を模索しようとする考え方を子どもたちにもたせる必要性がある。総合活動の授業において,教師は,従来の体験範囲の内に留まっている子どもの意識を,安易に認めない役割を担わなければならない。また,子ども自身に,他とは異なる,自らの「自分らしさ」を認識させることも重要となってくる。

また,子ども自身の自己選択・自己判断・自己決定をきわめて重視する。迷いつつ,悩みつつ,自らの課題と活動内容を決め,実行していく過程こそが,「『独創』の教育」が目指す学びの姿である。それ故,試行錯誤をあえて体験させる授業を求める。

(3) 総合活動の「『独創』の授業」の核となる指導法

「新しさ」と「自分らしさ」の追究と「試行錯誤」の場の設定を実際の授業に具現化していくために,それぞれの条件をさらに分析し,具体的な指導法を考える上で,最も重要な「核」となるキーワードを「再構想」とした。

そして,再構想を迫る場と活動について次のようにまとめた。

① 「再構想」を迫る場を設定する

活動の課題が明確になり,予想やイメージができるようになると,子どもたちは,既習の知識や技能,経験をもとにして,行動を起こし始める。しかし,新しい課題が提示されても,教師の働きかけがなければ,失敗経験や成功経験を生かした活動が主となり,無難な活動が企画され,新たな挑戦的な企画は少なくなる傾向がある。

例えば,「きょうだいタイム」を使って,「きょうだい遠足」に行くことにした場合,目的地や時程,経路などを,自己選択・自己判断・自己決定しなければならない。

そこで,今までの経験から,最も良いと思える場所を選び,遊び方を考え,経路を決定すると,最も早く,効率的に,無難な計画を立案することができる。しかし,この「自己選択・自己判断・自己決定」は,「今までにあるものの再生」でしかない。

このような活動は,活動そのものはうまくいったようにみえ,活動の達成感もあるものの,子どもの変容を期待することは難しい。

したがって,「すでに創り上げた構想」,「すでに身に付けた構想」「すでに獲得した構想」に,「新たなアイデア」を加えたり,「新たな構想」に置き換えたり,分析・統合・整理したりして,「再構想」する場を設定することが必要となる。

今までの実践から「再構想」を迫る場の例を次のようにまとめてみた。

子どもたちに「再構想」を迫る場の例

○今までに経験したことのない課題に出会う場。
○今までには課題とされなかった重要な問題に新たに気付く場。
○異なる見方や考え方を受け入れ，認めなければならない場。
○模範とする答えはないが，前進しなくてはならない場。

② 「再構想」を促す活動を設定する

次に，授業で「『再構想』を迫る場」を設定し，子どもたちに「再構想」を促す活動を次の５つにまとめた。

子どもたちに「再構想」を促す活動

① 同じ目的のために，複数の人と協力して働く活動。
② 自分らしさを基に主体的な関わりをもち続ける活動。
③ 積極的に関わり，表現しようとする活動。
④ 自分と活動との関わりに価値を見いだす活動。
⑤ 考え方や価値の異なる他者を理解し，受け入れる活動。

このような「再構想を促す活動」は，異質な内容や他者，自分自身の変化などとの「関係づけ」の認識と，「今までの自分」と「異質・他者・変化」とが出会うことで，「今までの自分」を再構想し，「関係づけ」ることでの「新しい自分」の創出ととらえることができる。

(4) 総合活動の「『独創』の授業」における評価

総合活動の評価は，本来，子どもたちの生き生きとした活動と，活動に支えられた自己達成感によってはかられるべきものである。

したがって，到達度ではかる評価ではない。あえて言うならば，総合活動における「『独創』の授業」における評価は，「『独創』の授業」そのものの評価であるべきだと考える。すなわち，授業の核となる指導法をもって授業の条件を満足し，「『独創』の学びの姿」を具現化できたのか，が評価となる。

つまり，「既習・既得の『知識・技能・考え方・価値観』（今ある「自分らしさ」）を踏まえつつ，自分のよしとする考え（新たな「自分らしさ」）を模索し追究する活動に没頭する姿」があったか，また，「仲間との関わりの過程を通して，発想したり創造したりした仲間の『その人らしさ』を認め，受け入れ，自ら活用する姿」があったか，を見取ることが総合活動での評価と言える。

2 総合活動の「『独創』の授業」像の提案

(1) 「『探究』の時間」における「『独創』の授業」像

図1のように「『探究』の時間」は,「『独創』の時間」の事前指導として位置づけている。

テーマは教師が提示するが,自分の興味・関心をもとにテーマを選び,各自が追究活動を楽しむ時間であるとともに,教師としては,次の3つのめあてをもっている。

○個別に追究するためのスキルを学ぶ。

○自分の興味を広げながら追究課題を獲得する。

○「『独創』の時間」へのモチベーションを高める。

この活動では,次のような「再構想」の姿を期待している。

○教師の提示した「個性的なテーマ」と出会い,今までの自分にはなかった追究課題のおもしろさを知る。

○追究の仕方やまとめ方を学び,今までの自分の調べ方や表現の方法を見直し,新たな追究の方法や表現の仕方を学ぶ。

「探究の時間」の活動は,同じ興味をもった同士が集まり,1つのテーマを追究する活動である。「探究の時間」での子どもたちの関わりでは,同じテーマについて互いの知識を交流したり,見方や考え方の違いについて討論したりして,互いの知識や技能を高め合う姿を見ることができる。したがって,「『独創』の学びの姿」を具現化するための指導法の中の「異なる見方や考え方を受け入れ,認めなければならない

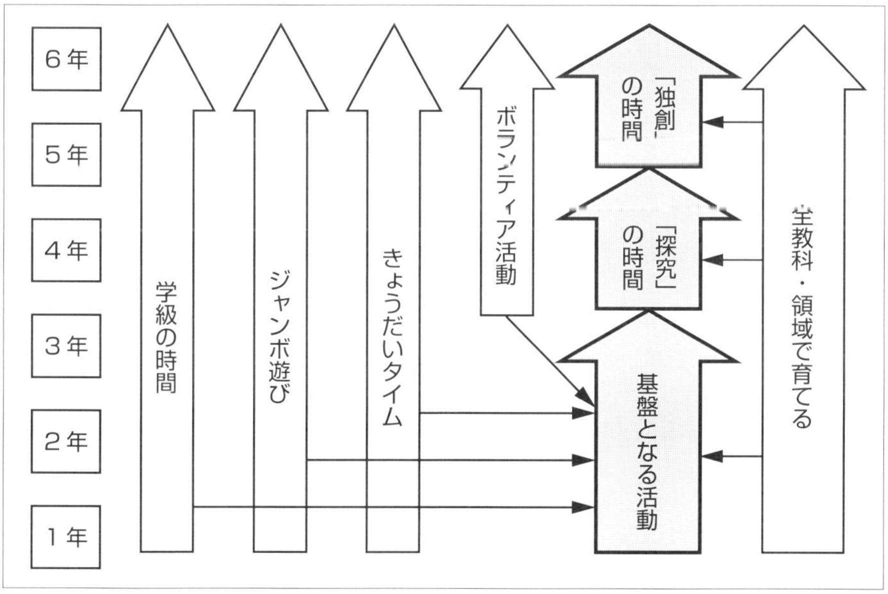

図1 総合活動と「『独創』の授業」の教育課程のモデル

場」と「模範とする答えはないが，前進しなくてはならない場」を設定することができる。また，再構想を促す活動のすべてを含むことができる。

①　テーマを決める段階

「探究」の時間の導入段階では，自らの意思でテーマを選ばなければならない。したがって，「(3)②再構想を促す活動」の「④自分と活動との関わりに価値を見いだす活動」を取り入れることが大切である。さらに，友達に影響されることなく，自分の意思で決定することが望ましい。

②　追究活動を行う段階

数人のグループで，協力的・協働的に追究活動を行わなければならない。そのため，「**(3)②再構想を促す活動**」(P.146) の「①同じ目的のために，複数の人と協力して働く活動」と「⑤考え方や価値の異なる他者を理解し，受け入れる活動」に重点をおいた学習が展開されることになる。さらに，追究活動を「**(3)②再構想を促す活動**」の「②自分らしさを基に主体的な関わりをもち続ける活動」ととらえて，子ども一人一人が自分の意思と意欲を尊重する活動にしていく。

③　ワークショップを行う段階

自分たちのグループが「探究」の時間に追究してきた成果を発表する活動である。ここでは，「**(3)②再構想を促す活動**」の「③積極的に関わり，表現しようとする活動」に重点が置かれて活動が展開されていく。

(2) 「『独創』の時間」における「『独創』の授業」像

「『独創』の時間」の活動は，総合活動で育む「独創」の基盤となる資質・能力を最大限に発揮させる活動であり，本校，総合活動の最終段階と位置づけている。

「『独創』の時間」は，次のような流れで実施している。

(1)　テーマ設定について
- ①　だから，私はこのテーマなのだ
- ②　私だからこそ追究してみたい，私のテーマ
- ③　設定したテーマの交流会

(2)　アドバイザー
- ①　師匠を決める
- ②　担任団が主体，外に求めてもよい

(3)　中間発表
- ①　仲間の存在
- ②　クラス単位で中間発表

(4)　ワークショップ

① 最終ゴール
② 前半後半に分ける
③ 場所は自主選択
④ ５年生は全員参加・４年生以下は呼びかける

「『独創』の時間」における個人研究は，総合活動における「『独創』の学びの姿」＝「子どもたちの試行錯誤の活動とその活動によって引き起こされる自分らしさと新しさの融合の姿」，すなわち「自分らしさ」「今までの自分」の「再構想」の姿そのものである。子どもたちは，「『独創』の時間」での個人研究に挑戦し，追究活動を継続的に行っていくことを通して，「新しい考えや価値に出会い，今までの自分らしさを振り返り，試行錯誤の活動を通して，新しい自分らしさを創り続ける」体験をする。

(3) １時間の授業レベルの「『独創』の授業」像

１時間の授業レベルでは，学級単位で話し合う場面での授業で示すことにする。

すなわち，「学級の時間」「ジャンボ遊び」「きょうだいタイム」の計画段階での話し合いの場面の授業を取り上げるのである。そのため，子どもたちは，自分なりの計画をアイデアとしてもち寄ってくる。

この段階では，それぞれの子どもが，自分のアイデアにこだわりをもち，他者のアイデアよりも自分のアイデアが優れているはずだという自信をもっている。そのため，話し合いをすると，他者のアイデアよりも優れている点を主張し合うこととなる。

このような話し合いは，合意には至らず，独創的な見方や考え方が生まれることもない。そこで，「**(3)②再構想を促す活動**」の「⑤考え方や価値の異なる他者を理解し，受け入れる活動」を取り入れることによって，独創的なアイデアを生み，活かすことができるようにしていくのである。

いずれの活動も，他者の考えや見方を理解し，受け入れることによって，今までに気付かなかったことに目を向けたり，今までにない新しいものを生み出したりする活動である。

考え方や価値の異なる他者を理解し，受け入れる活動の例

・遠足の企画を話し合う場面で，他者の考えたアイデアを説明する活動を通して，自分の企画を見直す機会をもつ活動。
・新しい遊びを考える場面で，みんなのアイデアを合体することで新しい遊びを創り出す活動。
・新しい遊びを考える場面で，大切にしたい言葉をつなぎ合わせて自分たちだけの遊びを創る活動。

3 総合活動における「『独創』の授業」の具体と実践

❶ 1時間の授業レベルの「独創」の授業例

「『新・ジャンボ遊び』への挑戦」

（佐々木実践）

① 「ジャンボ遊び」とは

「ジャンボ遊び」は，「学校という空間を子どもたちに開放することになり，友達と一緒に遊びを工夫して創り出し，遊びを通して友達と一緒に活動することの楽しさを味わう子どもを育てる」ことを目的とし，年に２回，５月と２月に実施している。

５月は，１年生の入学を祝い，新しい筑波っ子を歓迎する意味で行われる。

２月は，６年生の卒業を祝い，６年生に楽しんでもらおうという意思をもって計画，実行する。そのため，計画，実行の各段階で，子どもたちは，お互いの意見や想いをすり合わせ，自分の見方・考え方を見直し，合意形成をしながら活動していく。

この過程が，子どもたちの試行錯誤と「再構想」の姿そのものであると言える。

② 考え方や価値の異なる他者を理解し，受け入れる活動の事例

佐々木昭弘教諭は，「『新・ジャンボ遊び』への挑戦」の実践において，以下の条件の下で話し合わせる場を仕組んだ「『模範解答』のない問題」を設定した（指導法１）。

条件１：「出店方式」ではない“新しい遊び”であること。

条件２：実際にできるかどうかは考えず，自分としての理想的な「遊び」であること。

子どもたちは，この条件の下で，Ａ４判１枚程度に自分が考える“理想的なジャンボ遊び”の計画をまとめ，子どもたち一人一人が立てた「新・ジャンボ遊び」の計画をもち寄ることからスタートした。

佐々木教諭は，その意図について，「子どもたちがもっているそれぞれの計画のどれが正解で，どれが不正解かなどというものはもちろんない。だからこそ，教師から提示される様々な条件，友達の得手不得手や好み……等を考えながら，相手の考えを変えようと説得したり，自分の考えを変えようと“折り合い”をつけざるを得ない“混沌”の状況が生まれる。そして，限りなく拡散した『ジャンボ遊び』の計画を，何とか収斂させようとする問題意識が子どもたちの中で高まってくるにちがいない」と述べている。

また，「今回の『新・ジャンボ遊び』の計画を立てる活動においては，グループ内で得た情報を取捨選択しながら，自分として納得できる“答え”を構築していくことのできる場と時間を確保する」と述べていることから，佐々木教諭の意図する場の設定が，「異なる見方や考え方を受け入れ，認めなければならない場」「模範とする答え

はないが，前進しなくてはならない場」であることが分かる。

そして，以下の活動の過程を設定し，考え方や価値の異なる他者を理解し，受け入れる活動を組織した。

① 自分がしたい「新・ジャンボ遊び」を考える。
「出店方式」ではない“新しいジャンボ遊び”の計画を立てる。
実際にできるかどうかは考えず，自分としての“理想的なジャンボ遊び”の計画を立てる。
② グループ内（５人）で，自分が立てた計画をプレゼンする。
分かりやすく表現するには？（話の組み立て等）
③ プレゼンされた計画を，グループで１つにまとめる。
１つの計画を選び，新しい計画をつくるか？
１つの計画を選び，他の計画のアイデアを肉付けして，新しい計画をつくるか？
それぞれの計画のアイデアを部分的にもち寄り，新しい計画をつくるか？
④ グループ内（８人）で，自分のグループで立てた計画をプレゼンする。
分かりやすく表現するには？（話の組み立て，図表等）
プレゼンのための資料を作る。（国語の授業で）
⑤ プレゼンされた計画を，グループで１つにまとめる。
ごみを減らす具体的な方法は何か？
実現に向けて，解決できない問題は何か？

佐々木教諭は，この問題解決の過程を「『個』と『集団』とを行ったり来たりしながら思考を深める問題解決の過程」として設定した（指導法２）。

このことから，佐々木教諭の意図していた活動は，「考え方や価値の異なる他者を理解し，受け入れる活動」として設定していると解釈することができる。

その結果，39種類あった「ジャンボ遊び」の計画は，上記の流れを経て最終的にいくつかに収斂していった。話し合いを経て，収斂の結果にたどりついた計画が同じであっても，その計画に対する「納得解」を創り上げる過程は一人一人違う。納得の仕方やレベルも違う。しかし，その計画には，学級の友達がみな責任をもたなければならなくなる。

指導の結果，「新・ジャンボ遊び」の実現に向けて“理想的なジャンボ遊び”を考え，友達のアイデアを取捨選択しながら実現可能な“新しいジャンボ遊び”を創造する活動を通して，「納得解」を独創する態度や能力を養うとともに，次のような「『独創』の学び」の姿を創り出すことができた。

○自分の“理想的なジャンボ遊び”を，友達も納得できるよう修正しながらグループの計画をまとめようとする姿。

○友達のアイデアを取捨選択しながら，自分が納得できる“理想的なジャンボ遊び”の計画をグループでまとめようとする姿。

❷「『独創』の時間」の例

「自分だけのオリジナル甲冑を作る」

（都留実践）

以下に「自分だけのオリジナル甲冑を作る」の研究を例に述べることにする。

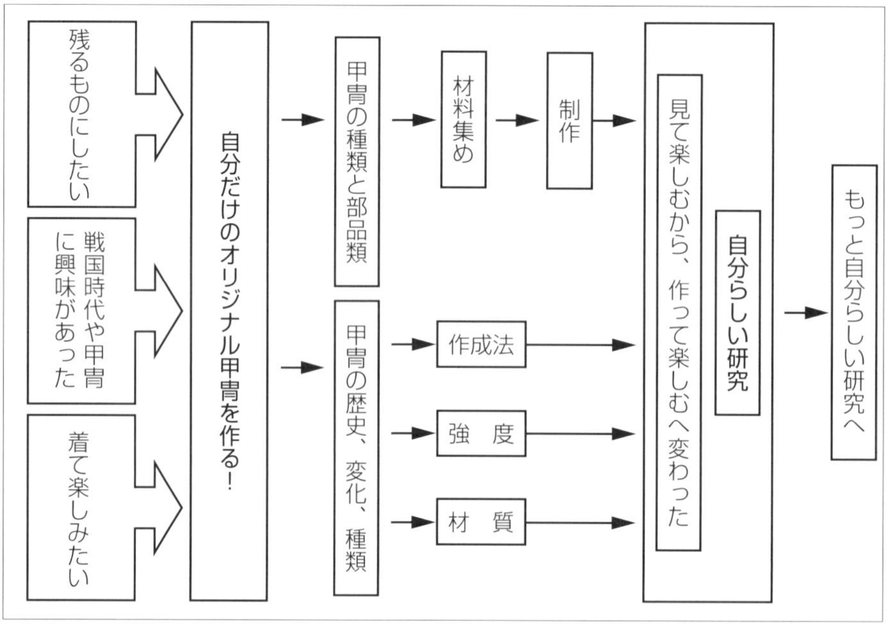

図２　子どもの追究の流れ「自分だけのオリジナル甲冑を作る」

①　テーマ設定の段階

「①だから，私はこのテーマなのだ」という理由が，「残るものにしたい」「戦国時代や甲冑に興味がある」「着てみたい」というものであった。そこで，「②私だからこそ追究してみたい，私のテーマ」を「自分だけのオリジナル甲冑を作る」にしている。

実は，このようにテーマを決めることが大変に難しい。そのため，「③設定したテーマの交流会」を設定している。互いにテーマを披露し合い，情報交換をしながら自分のテーマを決めていく活動である。

この活動で，子どもたちは，友達のテーマを聞いて「こんなテーマもいいのか」「こんな発想で考えればいいんだ」等，発想を広げることができる。

子どもは，一人で追究することが困難なテーマを選ぶことがある。

例えば，高度で難解なテーマであるため，子どもには理解しがたい内容である場合。また，子どもらしくてよいテーマなのだが，追究に必要な資料やデータが手に入りにくい場合。独創的で魅力的なテーマなのだが，だれも研究していないために，独自で調査の仕方などの基礎的な部分から追究を始めなければならない場合など，様々な問題を含んでいる場合がある。

可能な限り，子どもの発想を生かすために，教師も，様々な可能性を探りながらアドバイスを続けていくことになる。

図３　自分だけのオリジナル甲冑を作る」実践例

② アドバイザー決定の段階

テーマが決定し，追究を始める段階で，「内容を深める」「方法を確かめる」ための指導者をもつことが必要となってくる。そこで，子どもたち一人一人が，「だれを師匠にしたらよいか」「だれに師事すればよいか」を選ぶことができるようにしている。「師匠」はだれでもよい。担任団でなくてもよい。学芸員やその道の専門家，研究者や職人さんなど，追究するテーマによって決めるのである。

「甲冑を作る」では，「教えてもらえる人は見つからなかったので，先生にアドバイスをもらいながら，家族の協力をもらって創りあげる」ことにしている。

このように，師匠が見つからないことも考えられる。この場合，子どもの追究をサポートすることが教師の役割となるのである。

③ 中間発表の段階

一人で追究する活動は，「試行錯誤」と「失敗」の繰り返しである。子どもたちに，粘り強い追究活動を要求することになる。

「試行錯誤」と「失敗」を繰り返しながら，子どもたちは，自分自身の見方や考え方，追究の方向や方法，新たな知識の再構想を迫られることになる。

このような活動では，「仲間の支え」と「達成感」が必要になってくる。

そこで，「仲間」の存在を意識し，切磋琢磨するとともに，同じ追究活動をしている同士としての情報交換の場としての中間発表を設定している。

途中までの追究を発表した結果，友達から，「図書館に本がある」「材料はよいけれど作り方が分かりにくい」「つなげるところに工夫が必要だ」など，これからの課題を指摘された。また，「よくここまで調べた」「作るところまでいくとは思わなかった」など，賞賛される発言もあり追究の意欲を支えることができた。

ここで，家庭科の先生に相談して，「体に合うように縫い合わせるにはどうしたらよいか」についてアドバイスをもらうことにした。このアドバイスは，甲冑作りにとって重要なポイントとなった。

さらに，社会の先生に，「甲冑の詳しい資料はどこで調べるとよいか」をアドバイスしてもらい，図工の先生には，「甲冑の素材を何にすればよいか」「つなぎ方のよい方法はないか」を教えてもらった。

このように，様々なアドバイスに支えられて，追究活動が深まっていくのである。

④　ワークショップ

ワークショップは，「独創」の時間の最終目標である。そこで，「自分だけの甲冑を着て，ワークショップをすること」を目標にしていた。

相手は，甲冑について全く知らない人だということや，中には５年生や４年生もいることから考えて，「分かりやすく説明するために，具体的な写真やものを出して説明する」ことや，「質問には分かりやすく答える」ことに注意して取り組むことが技術的な課題であった。

そこで，「１つの袖を作るのに，152カ所の穴を空けなければならなかった」ことなどの具体的な例を取り上げながら説明するように心がけ，質問にも具体的な例を挙げながら答えるようにしたのである。

自分の追究について，「自分でもそこそこ立派な甲冑を作ることができた」と感じることができたのは，追究の過程で出てきた数々の問題を乗り超えてきたという自負とやり遂げた満足感，ワークショップによって得た他者の評価によると考えられる。

また，甲冑についての追究は，甲冑に対する知識や考え，価値観を変えるだけではなく，自分自身の中にある甲冑に対する想いも変えることになった。その結果として，「もう，甲冑は遠い存在ではなくなった」という表現が出てくると考えられる。このことが，「独創」の時間の追究活動によって生まれる「体験や知識の再構成に加えて，追究対象に対する想いや願いを含んだ再構想」の表れであると考えられる。

4 研究の成果

①「再構想」する活動の成果

「再構想」を促す活動を146ページの５つに整理して考えた。

その結果，次の２つの点が明らかになった。

第１は，他者の考え方や価値と関わる具体的な場を設定して，合意を迫ったり，新しい考えを創造させたり，自分なりの表現をさせたりすることで，子どもは，「新しい自分」を「再構想」することができるようになる。

このことは，❶の佐々木実践における合意形成を迫る場の設定で述べた通りである。

第２は，「再構想」の目的やめあて，過程を具体的に示すことによって，子どもは，今までの自分を「再構想」し，「新しい自分」を創り出そうとする。

このことも，佐々木実践で述べたように，「解答のない問題」を提示し，問題解決の過程を「個と集団を行ったり来たりしながら思考を深める」ように設定することによって，活動の目的やめあて，活動の過程が具体的に示されると，子どもは「納得解」を導き出そうとし，「今までの自分」を「再構想」し，「新しい自分」を創り出すことができるようになることが分かる。

② 「独創」を支える活動から見えてきたこと

「独創」は，一人一人の子どもの内部で起こる現象である。その現象を信じ，子どもに委ね，待つ教育が「独創」の教育の根幹にある。

また，総合活動は，活動を企画，組織することによって，子どもの内部に起こる「再構想」を促すことをねらう活動であるために，基本的に「待つ教育」であると言える。

ここに，総合活動と「『独創』の教育」の共通点を見ることができる。

総合活動では，「『独創』の教育」の推進において，「子どもたちに『再構想』を迫る場の例」「『再構想』を促す活動」を示してきた。そして，５つの「『再構想』を促す活動」のより具体的な例を示してきた。

しかし，これらの具体例は，個々の子ども，個々の集団（個々の子どもの成員の違う集団）によって，変化してくる。

したがって，これさえできれば「『独創』の教育」が推進できるというモデルを示すことは難しい。

例えば，「自分だけのオリジナル甲冑を作る」で示したように，子どもが単独で追究しなければならないテーマを掲げた時には，「追究方法」「課題解決のアイデア」「悩み解決や意欲の喚起などの精神的なサポート」など，本人の追究を支持する活動を用意し，組織することが必要となる。

この時の教師の関わりは，個人的なテーマの特徴もそうであるが，一人一人の状況や問題意識など，性格も含めての個人的な問題としてとらえる必要がある。

なぜならば，「『独創』の時間」における追究過程の様々な問題は，個々の問題であるために，個々によって異なる解決でなければならないからである。そのため，教師は，あらゆる場面での解決方法を子どもと共に考えなければならない。

このように，基本的に，教師は，子どもの相談者でなければならないが，いつも解決方法をもっているわけではない。

したがって，思考方法や科学的手法といった論理的な追究方法を基盤として，子どもと共に考え，子どもと共に悩むことが教師の役割であるといえる。

前述したように，総合活動は基本的に待つ教育である。そのため，「『再構想』を迫る場」とその場における「『再構想』を促す活動」を用意し，子どもたちと共に活動に没頭することが，「『独創』の授業」を生み出すと考えるのである。

■筑波大学附属小学校　研究組織図（平成24年6月現在）

新井保幸（学校長），細水保宏（副校長），二瓶弘行（研究企画部長）

国　　語…白石範孝，二瓶弘行，○青山由紀，青木伸生，桂　　聖
社　　会…臼井忠雄，都留 覚，○山下真一，梅澤真一，（由井薗 健）
算　　数…細水保宏，田中博史，○山本良和，夏坂哲志，盛山隆雄，中田寿幸，
　　　　　大野　桂
理　　科…森田和良，白岩 等，鷲見辰美，○佐々木昭弘
音　　楽…中島 寿，○高倉弘光，平野次郎
図画工作…西村徳行，○仲嶺盛之，北川智久
家　　庭…○勝田映子
体　　育…木下光正，○平川 譲，清水 由，眞榮里耕太
道　　徳…山田 誠，○加藤宣行
総合活動…○都留 覚，白岩 等，青木伸生，鷲見辰美，山下真一，山田 誠，
　　　　　勝田映子，西村徳行，佐々木昭弘，桂　　聖，梅澤真一，盛山隆雄，
　　　　　眞榮里耕太，中田寿幸，大野　桂，北川智久，平野次郎
英語活動…荒井和枝
養　　護…斉藤久美
なお，○印は研究企画部員

筑波大学附属小学校の「独創」の教育
「自分らしさ」と「その人らしさ」を認め合う授業づくり

2012年7月1日　初版第1刷発行［検印省略］

著　者　©筑波大学附属小学校
発行者　村主典英
発行所　株式会社 図書文化社
〒112-0012 東京都文京区大塚1-4-15
Tel 03-3943-2511　Fax 03-3943-2519
振替　00160-7-67697
http://www.toshobunka.co.jp/
装　幀　仲嶺盛之
組　版　株式会社 厚徳社
製　本　株式会社 厚徳社

ISBN 978-4-8100-2610-8 C3037